理财规划师国家职业资格考试辅导用书

理财规划师专业能力习题集（二级）

北京东方华尔金融咨询有限责任公司　编

中国财政经济出版社

图书在版编目（CIP）数据

理财规划师专业能力习题集：二级/北京东方华尔金融咨询有限责任公司编.
—北京:中国财政经济出版社，2006.7
理财规划师国家职业资格考试辅导用书
ISBN 7-5005-9246-9

Ⅰ.理…　Ⅱ.北…　Ⅲ.投资-资格考核-习题　Ⅳ.F830.59-44

中国版本图书馆 CIP 数据核字（2006）第 082862 号

中国财政经济出版社 出版

URL：http://www.cfeph.cn
E-mail：cfeph @ cfeph.cn

社址：北京市海淀区阜成路甲 28 号　邮政编码：100036
发行处电话：88190406　财经书店电话：64033436
北京牛山世兴印刷厂印刷　各地新华书店经销
787×1092 毫米　16 开　13.75 印张　253 000 字
2006 年 8 月第 1 版　2006 年 8 月北京第 1 次印刷
印数：1—5 000　定价：30.00 元
ISBN 7-5005-9246-9/F·8032
（图书出现印装问题，本社负责调换）

国家职业资格培训教程辅导用书

理财规划师专业能力习题集(二级)编写人员

主　　编：李青云

副 主 编：高　蕾

编　　者：王轶桢　　任　强　　马万信

前 言

随着过去30年中国经济的快速发展，社会财富的持续增加，国外理财理念的引进，理财已经越来越为人重视。与此同时，金融产品及服务不断创新，并日趋专业化与复杂化，仅靠一己之力已经很难确保选择与配置的效率和效益。因此，提供专业、全面理财服务的理财规划师应运而生，并在经济和社会发展中日益彰显其重要作用。

为更好地满足市场需求，促进中国理财规划行业的发展，配合即将举行的国家理财规划师职业资格全国统一考试，劳动和社会保障部组织有关专家对《理财规划师国家标准》及考试教材进行了修订。与前一版教材相比，新版教材调整与修订的幅度非常大，体系上更加科学合理，内容上更加全面完整。这种安排使得整个教材逻辑上更加紧凑严密，但另一方面无疑增大了通过考试的难度。为了使广大考生能够全面了解理财规划师这一职业，帮助考生掌握理财规划师应具备的专业素质，顺利取得理财规划师国家职业资格，我们出版了国家理财规划师考试辅导用书。辅导用书包括配套法律法规汇编、综合案例分析、配套习题集。

理财规划师的工作除了要运用大量的金融、经济方面的知识，还需要有大量的法律知识的积累来支撑。为此，我们希望《法律法规汇编》能够帮助考生全面掌握法律知识，洞悉国家立法动向，明晰法律在理财当中的重要作用。当然，掌握必要的法律知识也是理财规划师在提供理财规划服务时有效规避风险、与客户建立良好关系、保障自己的合法利益不受侵犯的有效手段。《法律法规汇编》根据理财规划的八大规划分类编写，另外包括了常用法律法规，包括《民法通则》、《合同法》和《公司法》等理财规划实务经常用到的法律法规。

理财规划本身是一个综合服务的过程，理财规划师要对客户的财务状况进行综合评价、分析、规划，因此合格的理财规划师必须要具备综合运用理财工具针对不同客户制定不同理财规划方案的能力。《综合案例分析》辅导用书可以帮助读者将八大规划、基础知识和业务技能等相关知识融汇贯通，自觉自然地运用到实际的理财规划操作当中，可以使考生真正理解理财规划实务，提高考生综合理财能力。

同时出版的配套习题集紧密结合国家统编教材，严格遵循理财规划师考试要求，突出重点，解释难点，内容丰富，题型规范。习题分章编写，涵盖了所有基本知识点，题型与考试题型一致。通过本套习题集，可以引导考生准确理解教材的基本内容，让考生注重特定条件下的应用与计算，培养其运用所学理论分析实际问题的能力。

本套辅导用书的编写者具备多年理财实践及教学经验，对教材及考试命题都有深入研究，是我国理财领域当之无愧的优秀专家；同时，辅导用书具有持续的创新要求，会将考生的回馈信息加以整理提炼，以期能够不断完善。

我们衷心祝愿有更多的朋友在考试中取得合格成绩，尽快成为理财规划行业的骨干力量。

限于时间和水平，错讹之处，恐难避免，尚请不吝指正，以便再版修订。

本书编写组

2006 年 8 月 8 日

目　录

第一部分　练　习　题

第二部分　参考答案及解析

第一部分

练 习 题

第一章 风险管理与保险规划

一、单项选择题（请从四个备选答案口选择一个正确答案，将正确答案前的字母填到题目中的括号内，下同）

1. 李先生是某公司的副总，由于担心乘坐飞机带来的风险，从来不乘坐飞机，如果有异地出差情况时，他要么派其他人前往处理，要么自己乘火车前去办理。李先生这一做法属于（　　）。

A. 风险分散　　B. 风险转移

C. 风险回避　　D. 风险控制

2. 上题中李先生派职员小王乘飞机前往异地处理事务，小王登机前购买一份航空意外险，则小王的行为属于（　　）。

A. 风险分散　　B. 风险转移

C. 风险回避　　D. 风险控制

3. 客户需要理财规划师为其设计风险管理与保险规划，规划师首先要理解什么是风险管理，以下关于风险管理的说法最恰当的是（　　）。

A. 政府机关通过对风险进行识别和度量，采用合理的经济和技术手段，主

动地、有目的地、有计划地对风险加以处理，以获得最大的安全保障和经济利益的行为称为风险管理

B. 公共事业单位当事人通过对风险进行识别和度量，采用合理的经济和技术手段，主动地、有目的地、有计划地对风险加以处理，以尽量小的成本去争取最大的安全保障和经济利益的行为称为风险管理

C. 企事业单位当事人通过对风险进行识别和度量，采用合理的经济和技术手段，主动地、有目的地、有计划地对风险加以处理，以获得最大的安全保障和经济利益的行为称为风险管理

D. 经济单位当事人通过对风险进行识别和度量，采用合理的经济和技术手段，主动地、有目的地、有计划地对风险加以处理，以尽量小的成本去争取最大的安全保障和经济利益的行为称为风险管理

4. 人们越来越重视对风险的管理，风险管理主要是通过确立风险管理目标、风险识别、风险衡量，制定风险处理计划，进行风险评估等程序进行管理，其中风险管理的基础是(　　)。

A. 确立风险管理目标　　B. 风险识别

C. 风险处理计划　　D. 风险衡量

5. 人身保险与财产保险的标的不同，对标的的价值认识、评价方法也不同，因此人身保险合同和财产保险合同在条款上有些不同，财产保险合同中特有的条款是(　　)。

A. 保险金额条款　　B. 保险价值条款

C. 保险责任条款　　D. 保险费条款

6. 当人们面对风险损失程度偏低、损失频率较高的情况时，例如丢失钢笔，一般采取的措施是(　　)。

A. 风险回避　　B. 风险转移

C. 风险自留　　D. 风险分散

7. 唐先生投保了一份健康保险，但对于健康险的给付情况不是很清楚，因此咨询理财规划师。在健康保险中，基本住院费用的给付主要分为(　　)两个部分。

A. 专业护理费和家庭健康护理费

B. 病危护理费用和辅助服务费用

C. 急诊护理费和预防护理费

D. 房间伙食费用和辅助服务费用

8. 人力资本和人的生命价值理论是购买人寿保险的哲学基础，下列关于人的生命价值说法不正确的是(　　)。

A. 个人未来赚取的薪资减去个人的维持成本

B. 个人赚取的金钱收入超过自己维持所需成本以后，对于其财务依赖者有金钱的价值

C. 个人所得收入完全贡献给家属生活之用而资本化的价值

D. 个人未来全部的维持成本

9. 理财规划师在为客户分析人寿保险需求时，需要按以下(　　)程序进行。

A. 收集信息—信息分析—建立目标

B. 收集信息—建立目标—信息分析

C. 建立目标—收集信息—确立计划

D. 建立目标—确立计划—收集信息

10. 遗属的必要生活备用金和遗属的必要生活费是不同的两个概念，遗属的必要生活备用金包括(　　)。

A. 社保金额　　B. 企业抚恤金

C. 家庭其他收入　　D. 子女教育金

11. 如果遗属有自身的收入，遗属的必要生活备用金一般比遗属的必要生活费(　　)。

A. 多　　B. 少

C. 不确定　　D. 相等

12. 寿险规划的作用体现在不确定的人生中，寿险能够让个人的人力资本得以(　　)。

A. 增强　　B. 减弱

C. 保存　　D. 变更

13. 以下关于社会基本医疗保险和商业健康保险的关系说法正确的是(　　)。

A. 基本医疗保险需要商业保险的补充

B. 基本医疗保险优于商业保险

C. 商业保险优于基本医疗保险

D. 二者作用完全相同

14. 为财产保险的基本方法有两种：特定危险保险和(　　)。

A. 非特定危险保险　　B. 一切危险保险

C. 待定危险保险　　D. 特殊危险保险

15. 理财规划师在为客户设置风险管理与保险规划时，建议客户购买健康保险应遵循一些基本原则，以下说法不正确的是(　　)。

A. 根据经济条件选择适合的健康保险产品

B. 购买健康保险宜早不宜迟，越年轻投资成本越低

C. 根据需要选择补偿型和给付型的产品，如果有比较好的单位或社会保障计划，最好买补偿型的；如果是自由职业者或是农民，最好买给付型的

D. 选择期缴保险费的方式，理性的做法是争取最长年限的缴费方式

16. 终生保障型健康保险的保险费比需要保障型健康保险的保险费(　　)，赔偿金额比需要保障型的要(　　)。

A. 高、少　　　　B. 高、多

C. 低、少　　　　D. 低、多

17. 张先生有基本的医疗保险，想再投保商业健康保险，因此就医疗保险的报销情况咨询理财规划师。我国1998年颁布的《国务院关于建立城镇职工基本医疗保险制度的决定》规定：在基本医疗保障起付限额在（　　）以下部分，以及最高支付限额在（　　）以上部分的医疗费用由个人承担。

A. 当地职工年均工资20%左右、当地职工年平均工资7倍

B. 当地职工年均工资40%左右、当地职工年平均工资6倍

C. 当地职工年均工资30%左右、当地职工年平均工资5倍

D. 当地职工年均工资10%左右、当地职工年平均工资4倍

18. 贾先生现有未还房贷20万，妻儿的必要生活备用金是30万。目前贾先生拥有一份两全保险保额10万，人身意外伤害保险5万，健康保险金额为10万。则贾先生的寿险保额缺口为(　　)。

A. 50万　　　　B. 25万

C. 35万　　　　D. 30万

19. 以下关于理财类保险与传统寿险的不同点描述最准确的是(　　)。

A. 理财类保险的给付或赔付额是不定的，传统寿险是定额寿险

B. 理财类保险的功能更强大

C. 理财类保险的保障功能比传统寿险的保障功能强

D. 理财类保险的投资功能比传统寿险的投资功能强

20. 损失敏感型合同是一种非保险转移风险的方式，该类合同中，投保人最终支付的保费取决于(　　)。

A. 合同中签订的保额

B. 损失发生时，需要的重置成本

C. 保单有效期内发生的（或支付的）损失

D. 损失发生时保险标的的实际成本

21. （接上题）以下不可以看作是损失敏感性合同的是(　　)。

A. 巨额免赔保单　　　　B. 多险种/多触发原因保单

C. 经验费率保单　　D. 回溯型费率保单

22. 非传统风险转移产品在20世纪80年代出现，使保险产品与概念有了新的突破。最早的非传统风险转移产品的主要形式是指(　　)。

A. 自保公司　　B. 再保险公司

C. 互保公司　　D. 保险公司非传统风险转移产品开发部

23. 风险识别是整个风险管理的基础，包括感知风险和分析风险两个环节，以下说法正确的是(　　)。

A. 分析风险是风险识别的基础，感知风险是风险识别的关键

B. 感知风险是分析风险的基础，感知风险是风险识别的关键

C. 感知风险是风险识别的基础，分析风险是感知风险的关键

D. 感知风险是风险识别的基础，分析风险是风险识别的关键

24. 保险公司不会承保丢失一辆自行车的风险，是因为(　　)。

A. 风险所致的损失不可以预测　　B. 不存在大量同质风险单位

C. 损失的程度偏小　　D. 非纯粹风险

25. 在现实生活中，当保险事故发生时，保险受益人常常会因为种种原因不能妥善处理保险金，因此理财规划师可以将信托和人寿保险进行组合，形成组合方案以改善这一问题。在以下的信托与人寿保险的组合中，组合评价最高的是(　　)。

A. 信托和寿险完全分离

B. 保险费由信托财产支出，而且保险金成立信托财产

C. 以保险金作为信托财产，但保险费由投保人另付

D. 以信托财产支付保险费，但保险金不成立信托财产

26. (接上题) 保险费由信托财产支出，而且保险金不成立信托财产，其优点在于(　　)。

A. 信托委托人必须有财产可供信托

B. 保险受益人必须有能力管理保险金

C. 不会因为要保人的经济状况改变而缴不出保险费

D. 信托和寿险无法相互支持

27. (接上题) 以保险金作为信托财产，但保险费由投保人另付的优点在于(　　)。

A. 不会有缴不出保险费的情形

B. 信托委托人有财产可供信托

C. 可以经由信托受托人的管理，而使寿险受益人依照委托人的意思享受信托利益

D. 保险受益人有能力管理保险金

28. 我国1995年颁布了第一部《保险法》,《保险法》中对保险进行了明确的界定,《保险法》中的保险指的是(　　)。

A. 社会保险　　B. 商业保险

C. 政策保险　　D. 包括以上三项

29. 以下案例中可看作复合保险的是(　　)。

A. 张某在甲保险公司投保了一份保额10万的定期寿险,又在乙保险公司投保了10万保额的两全保险

B. 某制造业企业为其生产用机床在甲保险公司投保了10万保额的保险,又在乙公司为机床投保了10万保额的该保险

C. 梁某在甲保险公司投保了家庭财产险,在乙公司为其拥有的私家车投保了第三者责任险

D. 某产品制造商在甲保险公司为其产品投保了责任险,在乙保险公司为生产车间投保了火灾险

30. 人身保险是以人的身体和寿命作为保险标的的一种保险,客户的一张人身保单可根据不同的分类划分归属,下面分类中属于人身保险分类的是(　　)。

A. 单保险和复保险

B. 足额保险、不足额保险与超额保险

C. 强制保险与自愿保险

D. 人寿保险、健康保险和意外保险

31. 李某欲为其健康的侄子投保一份两全险,保险公司拒保,其拒保的理由是(　　)。

A. 李某违反了最大诚信原则　　B. 李某违反了近因原则

C. 李某对其侄子不具有保险利益　　D. 李某违反了损失补偿原则

32. 李某与张某在1998年结为夫妻,李为张投保了一份保额10万的保障期限为10年的定期寿险,受益人为自己。2003年二人离婚。离婚后不久,张某意外身亡,则保险公司给付的10万身故保险金应给予(　　)(张某父母健在、有一姐姐,一儿子)。

A. 李某　　B. 张某的父母

C. 张某的儿子　　D. 张某的姐姐

33. 王某在1998年购买了一房产,每年年初为其投保为期1年、保额30万的家庭财产险。在2002年中旬将房产转手卖给李某,没有通知保险公司变更投保人。2002年11月,该房产发生了火灾,推定全损,则(　　)。

A. 王某可以向保险公司索要保险金

B. 李某可以向保险公司索要保险金

C. 保险公司不用向任何一方提供保险赔偿金

D. 王某和李某一起向保险公司索要保险金

34.（接上题）对于以上情况，李先生咨询理财规划师，最好的处理方式是(　　)。

A. 在购置房产时，随着产权的交割，及时变更原房屋财产险的投保人、受益人

B. 在购置房产时，随着产权的变更，不用变更原房屋财产险合同，及时购买一份新的财产险

C. 在购置房产时，房屋物产权变更后，有原来的保险，不需要变更投保人、受益人

D. 在购置房产时，房屋物产权变更后，有原来的保险，不需要买新的财产险或进行变更

35.《保险法》第三十一条规定：对于保险合同的条款，保险人与投保人、被保险人或者受益人有争议的，法院或者仲裁机构应当作有利于被保险人和受益人的解释，这是因为(　　)。

A. 保险合同是诺成性合同　　B. 保险合同是射幸合同

C. 保险合同是双务合同　　D. 保险合同是格式合同

36. 田某为其2岁的儿子投保了一份两全保险，受益人为自己，这份保险合同的主体是(　　)。

A. 田某、田某的儿子、保险公司　　B. 田某、田某的儿子

C. 田某、保险公司　　D. 田某的儿子、保险公司

37.（接上题）这份保险合同的关系人是(　　)。

A. 田某的儿子和签订合同的保险公司

B. 田某和签订合同的保险公司

C. 田某和田某的儿子

D. 田某、田某的儿子和签订合同的保险公司

38. 上题中，保险合同的当事人是(　　)。

A. 田某的儿子和签订合同的保险公司

B. 田某和签订合同的保险公司

C. 田某和田某的儿子

D. 田某、田某的儿子和签订合同的保险公司

39. 对于财产保险保险利益的时效规定有（　　）。

A. 始终具有保险利益

B. 索赔时具有保险利益

C. 投保时具有保险利益，而索赔时不追究有无保险利益

D. 以上都不正确

40. 对于投保人故意不履行告知义务的，如果保险范围内的事故发生，则(　　)。

A. 保险人不承担赔偿或给付责任，不退还保险费

B. 保险人不承担赔偿或给付责任，退还保险费

C. 保险人承担赔偿或给付责任，但扣除按实际情况应缴保险费与实际交付保险费的差额

D. 保险人承担赔偿或给付责任

41. 保险合同为诺成性合同，投保人提出保险要求，经保险人同意承保，并就保险合同的条款达成协议，保险合同就成立并生效。但由于保险的专业性，投保中的一些情况可以使得保险合同全部无效或部分无效，以下可以致使保险合同全部无效的原因有(　　)。

A. 没有保险利益或出现超额保险

B. 保险人对保险合同中的免责条款未予以明确说明，或是以死亡为给付保险金条件的保险合同，未经被保险人书面同意并认可保险金额

C. 没有保险利益，或是以死亡为给付保险金条件的保险合同，未经被保险人书面同意并认可保险金额

D. 出现超额保险，或是保险人对保险合同中的免责条款未予以明确说明

42. 某企业投保财产保险40万元，保险标的的价值为80万元，火灾发生时企业竭尽全力进行施救，发生施救费用8万元，最后确定火灾造成的损失为60万元，在这种情况下，保险人应向企业赔付(　　)万元。

A. 30　　　　B. 60

C. 34　　　　D. 68

43. 某公司以10万元购置一台机床，投保时约定赔付时按机床的市场价值进行赔付。在保险期内，机床因意外损坏，推定全损。保险公司按当时市场价12万元进行赔付，则这一现象属于(　　)。

A. 损失补偿原则的例外：定值保险

B. 损失补偿原则的例外：重置成本保险

C. 损失补偿原则的例外：施救费用的赔偿

D. 损失补偿原则的例外：不定值保险

44. 保险合同的变更方式主要有协议变更和通知变更，在财产保险合同中适用于通知变更的是(　　)。

A. 信用保险合同　　B. 运输工具保险合同

C. 货物运输保险合同　　D. 工程保险合同

45. 武女士在一家国企上班，单位为其办理了“三险”，这“三险”一般是指(　　)。

A. 健康险、人身险、意外险　　B. 基本医疗险、失业险、意外险

C. 健康险、意外险、养老险　　D. 基本医疗险、失业险、养老险

46. 我国《保险法》第四十三条规定：保险标的发生部分损失的，在保险人赔偿后(　　)内，投保人可以终止合同；除合同规定不得终止的以外，保险人也可以终止合同。

A. 1 个月以内　　B. 30 日

C. 3 个月　　D. 15 日

47. 我国《保险法》第四十三条规定保险人终止合同的，应当提前(　　)通知投保人，并将保险标的未受损失部分的保险费，扣除自保险责任开始之日起至终止合同之日止这段期间的应收部分后，退还投保人。

A. 1 个月以内　　B. 30 日

C. 3 个月　　D. 15 日

48. A 公司的某标的价值 100 万元，向甲保险公司投保 100 万元，此后针对同一危险、同一保险利益又向乙保险公司投保 50 万元。该标的发生保险责任范围内的事故损失 60 万元，这 60 万元的损失由甲保险公司承担(　　)；乙保险公司应承担（　　）万元。

A. 60、50　　B. 40、20

C. 30、30　　D. 50、10

49. 保险可以分为人身保险、财产保险、信用保险和责任保险。投保的责任保险中“责任”仅指依法应当承担的(　　)。

A. 行政责任中的罚款　　B. 刑事责任

C. 民事赔偿责任　　D. 行政责任中的罚金

50. 在我国，人身保险合同中的迟交宽限条款给予了投保人缴纳保险费(　　)天的宽限期。

A. 60　　B. 30

C. 90　　D. 10

51. 某人购买了 10 万元的终身寿险。在保险期间，不幸遭车祸身亡。按照有关法律规定，肇事司机应该赔偿其家属 5 万元。事后该被保险人的丈夫持单向保险公司索赔，保险公司对该案件的处理方式是（　　）。

A. 赔偿 10 万元

B. 先赔偿 10 万元，然后再向肇事司机追偿 5 万元赔款

C. 赔偿 5 万元

D. 不赔，因为不属于保险责任

52. 王先生为妻子投保了一份健康险，投保时填写的妻子的年龄比实际的大 1 岁，则王先生可以在(　　)年内要求保险公司变更被保险人年龄，并要求退还多缴的保险费。

A. 1　　B. 2

C. 3　　D. 4

53. 上题中，王先生为妻子投保的健康险选择年缴方式，每年的 6 月 1 日缴费，如果由于资金周转问题，应缴保费时暂无资金缴费，则可以在接下来的(　　)内缴费，不会影响合同的有效性。

A. 60 天　　B. 2 个月

C. 90 天　　D. 3 个月

54. 上题中，健康保险合同中关于自杀条款的规定为：以死亡为给付保险金条件的合同，被保险人自合同成立之日起(　　)内自杀的，保险人不承担给付保险金的责任，只退还保险单的现金价值。

A. 1 年　　B. 2 年

C. 3 年　　D. 4 年

55. 保险公司破产后，按下面（　　）顺序清偿债务。

A. 支付破产费用—所欠职工工资和劳动保险费用—赔偿或者给付保险金—所欠税款—清偿公司债务

B. 支付破产费用—赔偿或者给付保险金—所欠职工工资和劳动保险费用—所欠税款—清偿公司债务

C. 支付破产费用—所欠税款—所欠职工工资和劳动保险费用—赔偿或者给付保险金—清偿公司债务

D. 支付破产费用—所欠职工工资和劳动保险费用—所欠税款—赔偿或者给付保险金—清偿公司债务

56. 除(　　)外，带有储蓄性的长期人身保险单，在积累保险费一段时间后，都包含有现金价值。

A. 定期寿险　　B. 终身寿险

C. 变额寿险　　D. 两全保险

57. 下列不属于财产保险公司经营业务范围的是(　　)。

A. 财产保险业务　　B. 人身保险业务

C. 短期健康保险业务　　D. 意外伤害保险业务

58. 理财规划师认为(　　)适合家庭经济境况较差，子女年岁尚小，自己又是家庭经济主要来源的人。

A. 定期寿险　　B. 终身寿险

C. 两全保险　　D. 年金保险

59. 对违反法律规定，损害社会公共利益，可能严重危及或者已经危及保险公司偿付能力的，保险监督管理机构可以对该保险公司实行接管。接管的期限最长不得超过(　　)年。

A. 1　　B. 2

C. 3　　D. 4

60. 公司为保存一些有价值的资料，在公司电脑上保存一份外，另外在移动硬盘上保存了一份，这属于(　　)。

A. 风险回避　　B. 损失控制

C. 风险自留　　D. 风险转移

61. 第一人死亡寿险的保费与两份独立的普通个人终身寿险的保费总和的关系是(　　)。

A. 前者小于后者　　B. 前者等于后者

C. 前者大于后者　　D. 不确定

62. 朱先生为自己投保了一份人寿保险，受益人一栏根据《保险法》中的规定可以填写(　　)。

A. 自己的儿子　　B. 自己的妻子

C. 自己的远房侄子　　D. 以上均可

63. 某企业以某100万元的固定资产同时与甲、乙两家保险公司签定了保额分别为100万元和80万元的两份财产基本险合同，保险有效期内的某日发生火灾，造成保险财产损失90万元。按照我国《保险法》的规定，甲、乙保险公司各自应承担的赔款额分别是(　　)。

A. 90万元和80万元　　B. 50万元和40万元

C. 47.6万元和42.4万元　　D. 42.4万元和47.6万元

64. 根据保险贷款条款，投保人在缴纳保费一定年限后，如有临时性的经济上的需要，可以将保单作为抵押向保险人申请贷款；贷款金额以(　　)为限。

A. 保单所具有的现金价值　　B. 被保险人所缴纳的保费

C. 现金价值的一定比例　　D. 事先约定的赔偿金额

65. 某日天下大雪，一行人被A、B两车相撞致死，后经交通警察查实，该事故是因A车驾驶员酒后驾车所致。则行人死亡的近因是（　　）。

A. 大雪天气　　B. A车司机酒后驾车

C. A 车撞击　　D. B 车撞击

66. 人身保险合同中的受益人可以是指定的，也可以是法定的，对两者关系的描述正确的是(　　)。

A. 法定优于指定　　B. 指定、法定没有优先顺序

C. 指定优于法定　　D. 法定无效的情形下才适用指定

67. 丁某投保了保险金额为 80 万元的房屋火灾保险。一场大火将该保险房屋全部焚毁，而火灾发生时该房屋的房价已跌至 65 万元，那么通常情况下，丁某应得的保险赔款为(　　)万元。

A. 80　　B. 67.5

C. 65　　D. 60

68. 陈先生想投保一份护理费用保险，向理财规划师咨询种类，护理费用保险不包括(　　)。

A. 专业护理费用保险　　B. 家庭健康护理费用保险

C. 病危护理费用保险　　D. 急诊护理费用保险

69. 有些护理费用保险的保单对每天支付的上限做了规定，以下哪个保单中一般规定了每天支付的上限？(　　)

A. 房间伙食费用　　B. 辅助服务费用

C. 专业护理费用　　D. 家庭健康护理费用

70. 某人投保了人身意外伤害保险，在回家的路上被汽车撞伤送往医院，在其住院治疗期间因心肌梗塞而死亡。那么，在这一死亡事故中的近因是(　　)。

A. 被汽车撞倒　　B. 心肌梗塞

C. 被汽车撞倒和心肌梗塞　　D. 被汽车撞倒导致的心肌梗塞

(一) 根据下面案例完成 71～73 题：

黄先生，35 岁，某研究院研究员，每月税前收入为 7 000 元；董女士，31 岁，银行职员，每月税前收入为 5 000 元。夫妻的小孩 1 周岁。目前夫妻两人与董女士的父母住在一起，两位老人每月有 1 000 元的收入。每月家庭生活开支为 4 500 元。夫妻两人均有单位社保，两位老人也有社会医疗保险，全家人都没有购买商业保险。

71. 为黄先生夫妇家庭设计风险管理与保险规划，下列说法不正确的是(　　)。

A. 为黄先生家做的风险管理与保险规划要注重用最小的成本使全家获得最大的保障

B. 风险管理与保险规划的侧重点在于使家庭资产大幅增值

C. 类似黄先生这样的家庭需要用商业保险来完善风险管理与保险规划，而

不是只依靠社会保险

D. 黄先生家的风险管理与保险规划中的商业保险可以考虑重大疾病险、意外险和定期寿险

72. 下列关于保险规划中社会保障和商业保险关系的描述正确的是(　　)。

A. 社会保障和商业保险有一项就可以了

B. 商业保险绝对优于社会保障

C. 制订购买商业保险规划时要考虑客户已有的社会保障情况

D. 以上说法都不准确

73. 以下关于黄先生家庭保险规划设计的说法正确的是(　　)。

A. 黄先生的保额应该低于张女士

B. 应该优先给孩子买保险，再考虑王先生夫妇的保险保障

C. 应该优先给董女士的父母买保险，再考虑黄先生夫妇的保险保障

D. 可以用预留较高医疗基金的方式替代为董女士父母买保险的规划

(二) 根据下面案例完成 74～78 题：

甲公司为自己 100 万的设备向乙保险公司投保 50 万元，然后就该设备同样的风险向丙保险公司投保 30 万元。

74. 甲公司对价值 100 万的设备投保金额 80 万元属于(　　)。

A. 足额保险　　B. 不足额保险

C. 原保险　　D. 再保险

75. 若发生保险范围内的事故，设备损失 40 万元，则乙和丙应分别赔偿甲(　　)。

A. 乙赔偿 20 万元，丙赔偿 20 万元　B. 乙赔偿 10 万元，丙赔偿 30 万元

C. 乙赔偿 40 万元，丙赔偿 0 万元　D. 乙赔偿 25 万元，丙赔偿 15 万元

76. 上题中，保险范围内的事故发生时，甲公司进行及时抢救，相关费用为 4 万元，则乙和丙应分别赔偿甲（　　)。

A. 乙赔偿 22 万元，丙赔偿 22 万元　B. 乙赔偿 14 万元，丙赔偿 30 万元

C. 乙赔偿 40 万元，丙赔偿 4 万元　D. 乙赔偿 27.5 万元，丙赔偿 16.5 万元

77. 若设备在发生事故开始时，甲公司可以采取措施进行补救，当时损失只有 10 万元，由于没有采取措施进行补救，听任事故扩大，致使损失达到 50 万元，则(　　)。

A. 保险公司不赔，因为甲公司未履行采取补救措施的义务

B. 甲保险公司赔付 50 万元

C. 乙保险公司赔付 10 万元

D. 保险公司共向甲赔付 10 万元

78. 对于财产保险的保险利益时效规定，叙述正确的是(　　)。

A. 始终具有保险利益　　B. 索赔时具有保险利益

C. 投保时具有保险利益　　D. 在保险期间内具有保险利益

(三) 根据下面案例完成 79、80 题:

某银行与财险公司签订保险合同，签订时银行提出因银行中的保安 24 小时值班，因此要求降低投保费率，经核实后财险公司承保。

79. 保险期间内发生保险范围内事故，银行发生抢劫事件，银行损失 100 万元。后保险公司查明，案发当日，银行保安有半小时不在岗，则(　　)。

A. 保险公司赔付 100 万元

B. 保险公司不进行赔付，因为银行没有履行其投保时的保证

C. 保险公司进行赔付，但要按没有降低保险费率时计算，赔款中扣除相应保费

D. 保险公司只赔付 50 万元，另一半损失由银行承担

80. 若在案发当日，由于银行在进行某项公益活动，打电话告知财险公司需要减少保安值班时间，财险公司没有提出异议，则(　　)。

A. 保险公司赔付 100 万元，因为保险公司对银行电话告知的保安离岗事件表示默认

B. 保险公司不进行赔付，因为银行没有履行其投保时的保证

C. 保险公司进行赔付，但要按没有降低保险费率时计算，赔款中扣除相应保费

D. 保险公司只赔付 50 万元，另一半损失由银行承担

(四) 根据下面案例完成 81 ~ 84 题:

唐先生在为自己办理保险的时候，为其儿子唐宁投保一份两全保险和一份健康险。

81. 保险公司承保后发现被保险人的真实年龄是 10 岁，投保时按 11 岁投保的，则(　　)。

A. 唐先生可以要求保险公司退还多交的保费及利息

B. 保险公司可直接要求解除保险合同

C. 2 年内唐先生可要求保险公司退还多交的保费

D. 5 年内唐先生可要求保险公司退还多交的保费或者解除合同

82. 若两年后唐宁因心脏病住院，唐先生向保险公司要求赔付，保险公司经核实发现唐宁一年前曾得过心肌炎，但投保时唐先生故意隐瞒了这一事实，则(　　)。

A. 保险公司进行赔付，因为已过了两年的不可抗辩期

B. 保险公司不进行赔付，也不退还保费

C. 保险公司不进行赔付，但退还保费

D. 以上都不对

83. 上题中若是因为唐先生不知道唐宁得心肌炎的事件需要告诉保险公司，保险代理人并没有询问，则(　　)。

A. 保险公司进行赔付，因为已过了两年的不可抗辩期

B. 保险公司不进行赔付，也不退还保费

C. 保险公司不进行赔付，但退还保费

D. 以上都不对

84. 在保险活动中，人们以不诚实或故意欺诈的行为促使保险事故发生，以便从保险活动中获取额外利益的风险因素，例如唐先生故意不告知唐宁患过心肌炎的事实就属于(　　)。

A. 逆选择　　B. 道德风险

C. 心理风险　　D. 法律风险

(五) 根据下面案例完成 85～109 题:

田先生（38 岁）是某合伙企业的合伙人，年收入约 40 万元，但不稳定。田太太（35 岁）是小学教师，年收入在 5 万元左右，享有社保。女儿田田今年 10 岁。田先生的父亲与田先生一家同住，今年 70 岁，没有任何收入。

85. 田先生一家应该优先为(　　)投保。

A. 田先生　　B. 田太太

C. 田田　　D. 田父

86. 在购买保险时，一般可以简单设定保额为被保险人年收入的 10 倍，保费支出为其年收入的 10%，这样不会影响其现有生活水平。则为田太太投保保额应为(　　)万元，保费支出控制在(　　)万元以内。

A. 5，0.5　　B. 50，0.5

C. 50，4.5　　D. 5，4.5

87. 田先生整个家庭的年保费支出应该控制在(　　)万元以内比较合适。

A. 0.5　　B. 5

C. 4.5　　D. 4

88. 对于田先生的父亲的风险管理与保险规划的建议最合适的是(　　)。

A. 立即为其购买意外伤害险

B. 立即为其购买重大疾病险

C. 立即为其购买养老险

D. 通过家庭的收入为其建立风险保障基金

89. 田先生想通过保险为女儿准备教育基金，则可以购买下列(　　)产品。

A. 少儿意外伤害险　　B. 少儿两全险

C. 少儿健康险　　D. 少儿医疗险

90. 田太太为女儿投保了一份两全保险，受益人是自己，并没有告诉田田，则(　　)。

A. 田太太订立的保险合同不成立：以人的生命为标的的人寿保险投保时需经被保险人同意

B. 田太太订立的保险合同不成立：以人的生命为标的的人寿保险投保时保额需经被保险人同意

C. 田太太订立的保险合同成立：因为田田是田太太的女儿

D. 田太太订立的保险合同成立：因为田太太是为自己未成年的女儿投保

91. 上题中，两全保险合同的当事人是(　　)。

A. 田太太和田先生　　B. 田太太和保险公司

C. 田田和保险公司　　D. 田田和田太太

92. 两全保险合同的关系人是(　　)。

A. 田太太和田先生　　B. 田太太和保险公司

C. 田田和保险公司　　D. 田田和田太太

93. 两全保险合同的主体是(　　)。

A. 田太太、田田、田先生　　B. 田太太、田先生、保险公司

C. 田太太、田田、保险公司　　D. 田太太、田田、田先生的父亲

94. 田太太在为自己的女儿投保两全保险的同时，为自己住在外地的11岁的侄子也投保了一份，则田太太订立的保险合同不成立，主要是因为(　　)。

A. 以人的生命为标的的人寿保险投保时需经被保险人同意

B. 以人的生命为标的的人寿保险投保时保额需经被保险人同意

C. 田太太的侄子与田太太不具有保险利益

D. 田太太是为异地的侄子投保

95. 田田18岁以后，田太太又为田田投保了一份5年期的两全保险并没有告诉田田，则(　　)。

A. 田太太订立的保险合同不成立：以人的生命为标的的人寿保险投保时需经被保险人同意，父母为已成年子女投保须经被保险人书面同意

B. 田太太订立的保险合同不成立：因为田太太与田田不具有保险利益

C. 田太太订立的保险合同成立：因为田田是田太太的女儿

D. 田太太订立的保险合同成立：因为田太太是自己女儿的监护人

96. 田先生刚投保了一份意外险，保险代理人拿回公司核保，保险公司承保

后代理人通过挂号信邮寄给田先生。不久田先生发生车祸，住院治疗。但此时田先生还未收到挂号信，则（　　）。

A. 没有保险单，保险公司不进行理赔

B. 保险公司已经承保，需要给付田先生保险金

C. 保险公司需要代理人证明田先生确已投保，否则不予赔偿

D. 保险公司可以与田先生协商给予象征性保险金

97. 田先生投保一份健康险，两年后田先生被检查出患了保险范围内的重大疾病，则(　　)。

A. 保险公司给付保险金

B. 保险公司不给付保险金

C. 保险公司扣除田先生所缴保费后，给付保险金

D. 保险公司扣除田先生所缴保费及利息后，给付保险金

98. 田先生投保了定期寿险、健康保险、意外险、两全保险，则其中哪个保险合同中的受益人是不能变更的（　　）。

A. 定期寿险　　B. 健康保险

C. 意外险　　D. 两全保险

99. 田先生投保了一份 20 年缴清的终身健康险，每年的交费日是 6 月 8 号。第 3 年的 6 月 20 号田先生还没有交费，由于身体不适，去医院检查，得知患了保险范围内的重大疾病，则(　　)。

A. 保险公司不予给付，因为田先生没有按时缴保费

B. 保险公司在扣除应缴保险费后给付剩余的保险金

C. 保险公司在扣除应缴保险费及其利息后给付剩余的保险金

D. 保险公司不予给付，因为保险合同已经中止

100. 上题中，如果田先生是在 10 月 8 号检查得知患了保险范围内的重大疾病，则(　　)。

A. 保险公司不予给付，直到田先生补缴保费

B. 保险公司在扣除应缴保险费后给付剩余的保险金

C. 保险公司在扣除应缴保险费及其利息后给付剩余的保险金

D. 保险公司不予给付，因为保险合同已经中止

101. 若田先生对保险合同的理解与保险公司的代理人的理解不同，产生了争议，则争议的解决方式不包括(　　)。

A. 协商　　B. 争执

C. 仲裁　　D. 诉讼

102. 关于争议解决方式下列说法正确的是(　　)。

A. 仲裁方式不具有法律效力，采用一裁终裁制，当事人可以再申请诉讼

B. 在再保险合同中，双方当事人大多约定采用诉讼方式解决争议

C. 争执的解决方式简便，有助于增进双方的进一步信任与合作，并且有助于合同的继续执行

D. 诉讼是指争议双方当事人通过国家审判机关——人民法院进行裁决的一种方式，它是最极端的一种方式

103. 田先生每天开车上班都要经过一条交通复杂的道路，田先生面临的(　　)很高。

A. 意外风险　　B. 健康风险

C. 投资风险　　D. 生活风险

104. 田先生拥有的保险主要有失业保险、基本医疗保险、养老保险、第三者责任险、重大疾病险，其中不属于强制保险的是(　　)。

A. 失业保险　　B. 基本医疗保险

C. 重大疾病保险　　D. 第三者责任险

105. 以下关于田先生一家家庭保险规划说法正确的是(　　)。

A. 田先生是家庭的支柱，要优先为田先生投保

B. 田太太有社保，不需要再投保商业保险

C. 田先生最好用预留较高医疗基金的方式替代买保险的规划

D. 田田是家庭未来的希望，要优先考虑她的保险

106. 如果田太太投保了一份人寿保险，则这份人寿保险的标的是(　　)。

A. 田太太的身体　　B. 田太太的寿命

C. 田太太的身体和寿命　　D. 田太太的身体、寿命和财产

107. 如果田太太投保了一份健康保险，则这份健康保险的标的是(　　)。

A. 田太太的身体　　B. 田太太的寿命

C. 田太太的身体和寿命　　D. 田太太的身体、寿命和财产

108. 如果田太太投保了一份 5 年期的两全分红寿险。5 年后，田太太获得满期保险金。合同终止，则这属于(　　)。

A. 自然终止　　B. 法定解除

C. 约定解除　　D. 任意解除

109. 保险合同终止的原因最常见的是(　　)。

A. 自然终止　　B. 法定解除

C. 约定解除　　D. 任意解除

(六) 根据下面案例完成 110 ~ 121 题：

赵先生，42 岁，月工资 8 000 元，享有社保；妻子 39 岁，没有工作；儿子

14岁；三人目前月平均支出为2 000元。赵先生的父亲66岁，母亲60岁，单位有较好的福利，不需要赵先生的物质支持。

110. 赵先生的父亲为孙子投保了一份教育储蓄两全保险，受益人为赵先生，则(　　)。

A. 保险合同不成立，赵父与赵先生的儿子不具有保险利益

B. 保险合同成立，该合同的受益人不是赵父

C. 保险合同不成立，该合同需要经过赵先生儿子的同意

D. 保险合同成立，赵先生的儿子还未成年

111. 下列关于赵先生三口之家的保险规划说法正确的是(　　)。

A. 赵太太没有收入，因此不需要为其投保

B. 需要为赵先生优先投保

C. 赵先生的儿子是家庭的希望，需要优先考虑投保意外险和高额人寿险

D. 赵太太不外出工作，没有意外风险

112. 以下说法较为恰当的是(　　)。

A. 赵先生有社保，不需要投保商业保险

B. 赵太太应先投保社保，才能投保商业保险

C. 赵先生一家的保费支出月平均控制在200元以内较合适

D. 赵先生的保额要比赵太太的保额高

113. 赵先生投保了一份寿险，合同中约定如果被保险人生存至50岁，则保险公司不予给付。否则，保险公司给付受益人50万元保险金。则这一寿险属于(　　)。

A. 定期死亡寿险　　B. 定期生存寿险

C. 两全寿险　　D. 终身寿险

114. 赵先生为其母亲投保了一份养老险，年缴保费1万元，该保险的承保年龄是0~65岁，但赵先生投保时填写被保险人年龄即母亲的年龄比其实际的年龄小了1岁，填写的是59岁。一年后，保险公司发现年龄有误告，则(　　)。

A. 保险公司解除合同，因为赵先生申报的被保险人年龄不真实

B. 保险公司有权更正并要求赵先生补交保险费，或者在给付保险金时按照实付保险费与应付保险费的比例支付

C. 保险公司不可以解除合同，因为是在1年内发现的年龄误告，可以进行更正

D. 保险公司无权更正并要求赵先生补交保险费

115. 上题中若是在两年后发现年龄误告，则(　　)。

A. 保险公司解除合同，因为赵先生申报的被保险人年龄不真实

B. 保险公司有权更正并要求赵先生补交保险费，或者在给付保险金时按照实付保险费与应付保险费的比例支付

C. 保险公司无权更正并要求赵先生补交保险费，也无权在给付保险金时按照实付保险费与应付保险费的比例支付

D. 保险公司无权更正并要求赵先生补交保险费，可以在给付保险金时按照实付保险费与应付保险费的比例支付

116. 若赵先生在投保时为母亲填写的年龄比实际年龄大1岁，1年后发现，则(　　)。

A. 赵先生可以要求保险公司退还多交的保费

B. 赵先生无权要求保险公司退还多交的保费

C. 保险公司可以解除合同，因为赵先生申报的被保险人年龄不真实

D. 保险公司可以解除合同，并在扣除手续费后，向投保人退还保险费

117. 上题中若是两年后发现则(　　)。

A. 赵先生可以要求保险公司退还多交的保费

B. 赵先生无权要求保险公司退还多交的保费

C. 保险公司可以解除合同，因为赵先生申报的被保险人年龄不真实

D. 保险公司可以解除合同，并在扣除手续费后，向投保人退还保险费

118. 114题中，如果是赵先生为其父亲购买了这份养老险，被保险人年龄填写的是65岁，一年后，保险公司发现年龄误告，则(　　)。

A. 保险公司解除合同，因为赵先生申报的其父亲的年龄不真实，并且不退还保费

B. 保险公司不可以解除合同，但有权更正并要求赵先生补交保险费，或者在给付保险金时按照实付保险费与应付保险费的比例支付

C. 保险公司不可以解除合同，也无权更正并要求赵先生补交保险费，或者在给付保险金时按照实付保险费与应付保险费的比例支付

D. 保险公司解除合同，因为赵先生申报的其父亲的年龄不真实，并且其真实年龄不符合合同约定的年龄限制

119. 上题中，如果保险公司是在两年后发现年龄误告，则(　　)。

A. 保险公司解除合同，因为赵先生申报的其父亲的年龄不真实，并且不退还保费

B. 保险公司不可以解除合同，但有权更正并要求赵先生补交保险费，或者在给付保险金时按照实付保险费与应付保险费的比例支付

C. 保险公司不可以解除合同，也无权更正并要求赵先生补交保险费，或者在给付保险金时按照实付保险费与应付保险费的比例支付

D. 保险公司解除合同，因为赵先生申报的其父亲的年龄不真实，并且其真实年龄不符合合同约定的年龄限制

120. 如果赵先生有一份保额50万的定期寿险，受益人是自己的儿子。假设在一次外出旅行中，赵先生和儿子乘坐的车出现意外，两人都未生还并无从判断谁先死亡。则赵先生的保险金(　　)。

A. 作为赵先生的遗产处理，给赵先生的妻子、父母

B. 作为赵先生儿子的遗产处理，给赵先生的妻子

C. 作为赵先生的遗产处理，给赵先生的妻子

D. 作为赵先生儿子的遗产处理，给赵先生的父母

121. 赵先生想为儿子投保一份教育储蓄险，为了防止因自己去世或高残而不能按期缴保费，使得保险单失效，最好投保具有(　　)的少儿教育储蓄险。

A. 保费自动垫缴条款　　B. 不丧失价值条款

C. 可豁免保费条款　　D. 保单贷款条款

二、多项选择题（请从五个备选答案中选择正确答案，将正确答案前的字母填到题目中的括号内，下同）

122. 财产风险的衡量主要包括衡量财产直接损失及因财产损毁而引起的间接经济损失，财产风险的衡量指标包括(　　)。

A. 实际现金价值　　B. 法院判决的损失赔偿金

C. 重置成本　　D. 直接损失与间接损失

E. 相关费用

123. 风险转移主要包括保险转移和非保险转移。非保险转移是指通过订立经济合同，将风险以及风险有关的财务结果转移给别人。在经济生活中，常见的非保险转移有(　　)。

A. 租赁　　B. 互助保证

C. 贷款担保　　D. 基金制度

E. 保险合同

124. 人们面对损失程度较高，损失频率也较高的情况，通常采取的措施包括(　　)。

A. 风险回避　　B. 风险转移

C. 损失转移　　D. 风险分散

E. 风险自留

125. 人们购买保险的程度与很多因素有关，以下可以影响人们购买保险的

因素有(　　)。

A. 保费附加　　B. 收入与财富

C. 其他保障来源　　D. 信息

E. 非货币损失

126. 人的生命价值理论是购买人寿保险的哲学基础之一，下列属于导致人的生命价值发生损失的原因有(　　)。

A. 过早死亡　　B. 失业

C. 退休　　D. 失去工作能力

E. 离休

127. 我们个人在做寿险规划决策时，会受到环境的影响，这些环境主要有(　　)。

A. 经济环境　　B. 人口环境

C. 政治环境　　D. 生态环境

E. 文化环境

128. 在帮助客户进行人寿保险安排时，需要帮助其建立一个明确具体的财务目标。张先生目前还有未还的房贷 20 万元，儿子 14 岁，打算出国读书，需教育金 40 万元，则张先生的人寿保险财务目标包括(　　)。

A. 房贷 20 万元

B. 处理死亡的各种费用

C. 应急备用金以备家庭急需时可以使用

D. 儿子的教育资金 40 万元

E. 配偶生活和退休资金

129. 人们对寿险的需求，实质上就是对于意外保障、健康、个人养老、子女教育等有关的各项备用金的需求。在进行寿险需求测算时，遗属的必要生活费主要包括(　　)。

A. 遗子必要生活费　　B. 在世配偶的必要生活费

C. 赡养老人的生活费　　D. 死亡后准备付清的债务

E. 子女教育基金

130. 大多数人并不经常需要高昂的医疗服务，但是一旦需要时，费用总是高得让个人难以承担。个人可以选择用商业保险来转移风险。其中医疗费用保险主要包括(　　)。

A. 住院费用保险　　B. 外科手术费用保险

C. 专业护理费用保险　　D. 家庭健康护理费用保险

E. 病危护理费用保险

131. 健康险是以人的身体为保险标的的险种，目前主要的健康保险的类别包括(　　)。

A. 重大疾病保险　　B. 一般疾病保险

C. 住院费用保险　　D. 门诊医疗保险

E. 补充医疗保险

132. 综合个人责任险是保险人代替被保险人支付法律上应该由被保险人支付的、由于身体伤害或者财产损失而造成的损失的一种保险。综合个人责任险一般不承保以下风险(　　)。

A. 医疗费用

B. 他人财产损坏

C. 商业或者职业追求

D. 汽车、大型船舶和飞机的所有权、维护或者使用

E. 根据所有工伤补偿法的规定应该支付的保险金

133. 保险合同的内容当中，应当载明保险金额的条款，下面关于保险金额的说法正确的是(　　)。

A. 保险金额是保险人承担赔偿或者给付保险金责任的最高限额

B. 保险金额就是通常所指的保险金

C. 保险金额是财产保险特有的条款

D. 保险金额是计算保险费的依据

E. 保险金额只能一次给付

134. 在进行遗产计划时通过使用遗产计划工具，可以达到较好的效果，主要包括(　　)。

A. 有充足的财产可以用来实现各种目标

B. 受益人获得财产的方式和比例符合遗产所有人的愿望

C. 在实现各项目标的前提下，使所得税、遗产税、赠与税最小化

D. 有足够的流动性以便可以支付财产转移的费用

E. 节省做遗产计划的费用

135. 理财规划师在给客户制定寿险规划方案时，应先明确(　　)。

A. 终身寿险相当于一份 100 岁到期的定期寿险，主要原因在于终身寿险的定价与定期寿险相同

B. 相同的保险金额，投保人年龄越小，保险费越低（不考虑中间有费率调整的情况）

C. 终身寿险全属于分红保单

D. 定期寿险可以转变为终身寿险

E. 寿险的受益人是法定的

136. 复效条款给予保单所有者在一定条件下对先前失效的保单进行复效的权利。如果被保险人想恢复中止的保险合同，则需要(　　)。

A. 提供可保性证明

B. 缴纳过期保费及过期利息

C. 体检

D. 对保险合同中止期间的保险事故放弃索赔权

E. 以上都需要

137. 我国市场上同一种类的保险产品的同质化趋势愈来愈明显。在产品价格相差较小并趋于同质化的前提下，选择产品的非价格因素就显得尤为重要。保险产品的非价格因素主要包括(　　)。

A. 保险公司的偿付能力　　B. 保险公司的服务质量

C. 保险公司的机构网络　　D. 保险公司的民调评价

E. 保险公司的经营特长

138. 一般而言，保险公司会定期通过不同的方式对理财类保险的经营业绩按国家保险监管机关的要求和保险合同订立的约定予以披露。保险公司披露理财类保险业绩信息的载体主要有(　　)。

A. 报纸等公众媒体

B. 保险公司营业网点或代理销售网点

C. 业绩报告书

D. 客户咨询服务电话

E. 公司的网站

139. 现在对非传统风险转移（alternative risk transfer，ART）还没有一个普遍被接受的定义。但它们一般具有以下共同点(　　)。

A. 具有较高水平的自留额

B. 一般都持续多年

C. 有多种风险来源

D. 可以对一些传统保险合约不予保险的风险来源提供保障

E. 涉及资本市场中的机构和证券

140. 在现实生活中，当保险事故发生时，保险受益人常常会因为种种原因不能妥善处理保险金，而人寿保险信托的作用包括(　　)。

A. 避免遗属间纷争保险金　　B. 避免保险金被他人挪用

C. 避免受益人挥霍保险金　　D. 避免保险金被征税

E. 避免保险金贬值

141. 以信托财产支付保险费，但保险金不成立信托财产，其缺点有(　　)。

A. 信托和寿险无法相互支持

B. 信托委托人必须有财产可供信托

C. 有可能因为要保人的经济状况改变而缴不出保险费

D. 可以经由信托受托人的管理，而使寿险受益人依照委托人的意思享受信托利益

E. 保险受益人必须有能力管理保险金

142. 保险费由信托财产支出，而且保险金成立信托财产，其优点在于(　　)。

A. 信托委托人必须有财产可供信托

B. 保险受益人必须有能力管理保险金

C. 不会有缴不出保险费的情形

D. 保险事故发生时，保险受益人可以经由信托受托人管理保险金而按照委托人的意思受益

E. 信托和寿险可以充分相互支持

143. 人寿保险信托依其分类标准的不同，具有不同的分类，依人寿保险信托主要目的的不同，可以分为(　　)。

A. 个人保险信托　　B. 事业保险信托

C. 消极人寿保险信托　　D. 积极人寿保险信托

E. 自益人寿保险信托

144. 保险合同的主体包括保险合同的当事人和关系人，下列关于保险合同的主体的说法不正确的是(　　)。

A. 保险人就是受到合同保障的人

B. 被保险人可能与投保人是一致的，也可能是不同的人

C. 投保人可以为受益人，但被保险人不可以为受益人

D. 受益人是保险合同的主体

E. 被保险人不是保险合同的主体

145. 保险合同与其他合同相比有着明显不同的特征，保险合同的这些特点包括(　　)。

A. 保险合同是双务合同　　B. 保险合同是诺成性合同

C. 保险合同是射幸合同　　D. 保险合同是最大诚信合同

E. 保险合同是格式合同

146. 保险合同是诺成性合同，投保人提出保险要求，经保险人同意承保，并就保险合同的条款达成协议，保险合同就成立并生效。但由于保险合同有着其

自身的特点，有些情况会导致合同无效。下列(　　)保险合同是无效合同。

A. 李某为其购买的二手车按新车投保

B. 田某为其女友张某投保一份定期寿险

C. 某保险公司代理人在为蒋某办理保险时忘记解释免责条款

D. 张某为其4岁的女儿投保了一份保额5万元的子女教育金，并未告知女儿

E. 孙某出差时为其父投保了一份保额10万元的定期寿险，还未告诉其父亲

147. 当发生保险事故时，投保人、被保险人或受益人有义务在有效期限内通知保险人。并且不同的保险合同，对索赔的时效规定有所不同。以下索赔时效是两年的有(　　)。

A. 财产保险　　B. 人寿保险

C. 健康保险　　D. 意外伤害保险

E. 人身保险

148. 签订保险合同后，当签订合同时的情况发生改变时，有可能会变更保险合同，主要分为两种情形：一是投保人、被保险人的变更；二是保险合同内容的变更。关于这两种变更，以下叙述正确的是(　　)。

A. 第一种变更可以看作是保险标的的转让

B. 对于第一种变更，应当通知保险人，经保险人同意继续承保后，依法变更合同

C. 对于第二种变更，按《合同法》的有关规定处理

D. 保险合同内容的变更包括受益人的变更

E. 保险合同内容的变更包括受益人、保险标的的变更

149. 保险合同成立后，投保人可以解除保险合同，而保险人不得解除保险合同。但也有例外，下列（　　）合同在保险责任开始后，合同当事人均不得解除保险合同。

A. 货物运输保险合同　　B. 人寿保险合同

C. 运输工具航程保险合同　　D. 健康保险合同

E. 财产保险合同

150. 商贸公司甲的货物由运输公司乙的驾驶员李某驾驶运货卡车长途送货，由于疲劳驾驶，发生事故，导致货物全损，交通事故由李某负全部责任。甲损失10万元，甲向乙索要赔款不成，遂向投保的保险公司提出索赔申请，保险公司经过审核，赔付了8万元，并要求甲出具了权利转让书，行使代位追偿权。保险公司从乙追回7万元了结此事。则(　　)。

A. 甲有权利继续向乙追讨剩余2万元的损失

B. 乙对甲和保险公司都没有债务

C. 乙对保险公司负债 3 万元

D. 保险公司具有代位追偿权后，可以向乙追偿 10 万元

E. 乙对甲负债 2 万元

151. 郭某开车撞了袁某后逃逸，袁某受伤后的医疗费用共约 5 万元，袁某投保了意外险，保险公司经过审核后，赔偿袁某 4 万元保险金，(　　)。

A. 保险公司可以对郭某行使代位追偿权

B. 郭某对袁某不再负有赔偿义务

C. 保险公司对郭某拥有 4 万元的追偿权

D. 袁某仍可向郭某追偿 5 万元赔偿

E. 保险公司对郭某不具有追偿权

152. 保险利益是指投保人对保险标的具有法律上承认的利益。构成保险利益应符合下列条件(　　)。

A. 合法利益　　　　B. 预期利益

C. 客观的经济利益　　　　D. 可确定的利益

E. 精神补偿利益

153. 由于人身保险合同是一种受益性合同，保险金额是根据被保险人的生活需要和投保人所支付的保险费来确定的。确定人身保险金额的主要方法有(　　)。

A. 生命价值法　　　　B. 实际现金价值法

C. 重置成本　　　　D. 需求法

E. 资本保留法

154. 保险合同中部分条款是用以保护保单所有者，其中，年龄或性别误告条款规定(　　)。

A. 如果发现被保险人误告年龄，保险金额继续有效，但降低被保险人的信用评级

B. 这一条款在大多数个人健康险单中，并不是一定要有的

C. 如果年龄错误在保单仍然有效时被发现，一律视为违约，终止合同，保险费不退还

D. 如果发现被保险人误告年龄，保险人将按照被保险的正确年龄进行调整

E. 如果出现性别错误，则把性别纠正过来即可

155. 人寿保险信托依其分类标准的不同，具有不同的分类。依据人寿保险信托委托人和受益人是否为同一人可分为(　　)。

A. 自益人寿保险信托　　　　B. 他益人寿保险信托

C. 个人保险信托　　D. 事业保险信托

E. 积极保险信托

156. 保险合同是诺成性合同，投保人提出保险要求，经保险人同意承保，并就保险合同的条款达成协议，保险合同就成立并生效。但由于保险合同有着其自身的特点，有些情况会导致合同无效或部分无效。以下使得保险合同部分无效的是(　　)。

A. 没有保险利益

B. 超额保险

C. 保险人对保险合同中的免责条款未予以明确说明

D. 以死亡为给付保险金条件的保险合同，未经被保险人书面同意并认可保险金额

E. 不足额保险

157. 在下列(　　)情况下保险金作为被保险人的遗产，由保险人向被保险人的继承人履行给付保险金的义务。

A. 受益人先于被保险人死亡的，没有其他受益人的

B. 受益人放弃受益权，没有其他受益人的

C. 受益人故意导致被保险人死亡，而且没有指定其他受益人的

D. 受益人为被保险人

E. 没有指定受益人

158. 人寿和健康保险合同由大量条款组成，其中保护投保人的条款有(　　)。

A. 完整合同条款　　B. 不可抗辩条款

C. 宽限期条款　　D. 不丧失价值条款

E. 复效条款

159. 保险业是金融业的组成部分，这一行业的经营原则主要包括(　　)。

A. 分业经营原则　　B. 偿付能力的维持原则

C. 风险管理原则　　D. 资金运用的限制原则

E. 集中管理、统筹使用原则

160. 保险代理人是保险人的代理人，代理人在授权范围内代为办理保险业务的行为，其后果归属于保险人。保险代理人的载体可以是(　　)。

A. 单位　　B. 团体

C. 机关　　D. 个人

E. 中介

161. 定期寿险是指在保单规定的期间内提供死亡保障，期满时无生存给付

的人寿保险。定期寿险的特点包括(　　)。

A. 可续保性　　B. 可转换性

C. 重新加入性　　D. 可更改性

E. 可操作性

162. 定期寿险与其他的人寿保险相比，其结构相对简单，定期寿险可以分为(　　)。

A. 水平式保额定期寿险　　B. 非水平式保额定期寿险

C. 保费递增型定期寿险　　D. 水平保费定期寿险

E. 保费不变型定期寿险

163. 传统寿险保单的某些特征赋予其自身不断适应市场环境变化的能力。不丧失价值条款、保单贷款条款、分红保险的红利选择权以及定期寿险的可续保性和可转让性都是传统寿险不断进步的基础。万能寿险就是在这样的基础上发展起来的。关于万能寿险的特点，以下描述正确的是(　　)。

A. 保费支付灵活

B. 保单面额可适时调整

C. 保单所有人账户中收入项与支出项对于保单收益的影响清晰可见

D. 保单的储蓄功能和保障功能相分离

E. 价格适宜

164. 人寿和健康保险合同由大量条款组成，其中保护保险公司的条款有(　　)。

A. 自杀条款　　B. 延迟条款

C. 除外责任条款　　D. 风险限制条款

E. 年龄误告条款

165. 保险合同的解除分为法定解除和约定解除，在存在如下(　　)情形时保险合同终止。

A. 法律法规变更导致的法定终止

B. 因保险事故发生，保险人全部履行保险责任导致保险合同的终止

C. 保险期间未发生保险事故，保险合同满期导致的终止

D. 因保险合同双方解除导致保险合同终止

E. 期缴保费的保险，投保人停止缴费两年以上或停缴保费两年内未与保险公司达成协议

166. 风险管理的目标由两部分组成：损失发生前的风险管理目标和损失发生后的风险管理目标，风险发生前的风险管理目标是(　　)。

A. 尽可能地减少直接和间接损失

B. 减少或避免损失的发生

C. 将损失发生的可能性和严重性降到最低

D. 减轻和消除精神压力

E. 使其尽快恢复到损失前的状况

167. 在健康保险中，基本住院费用的给付分为两个部分，一部分是房间伙食费用，另一部分是辅助服务费用。属于后者的是(　　)。

A. 为住院病人提供的日常看护服务的费用

B. 医药费

C. 透视费

D. 救护车费用

E. 为住院病人提供的房间、伙食费

168. 人们对自身面临的不同风险，处理的方式也有所不同，这些方式主要包括(　　)。

A. 风险回避　　B. 风险自留

C. 风险控制　　D. 风险转移

E. 风险分散

169. 人寿和健康保险合同由大量条款组成，其中为投保人提供灵活性条款的有(　　)。

A. 受益人条款　　B. 保险金给付选择

C. 转让条款　　D. 不丧失价值选择条款

E. 保单贷款条款

170. 不丧失价值选择条款为决定终止现金价值保单的保单所有者提供了集中利用退保现金价值的方式。通常退保现金价值可由以下(　　)形式获得。

A. 现金　　B. 与原保单同类的减额缴清保险

C. 保单面额不动的展期定期保险　　D. 保单贷款

E. 累积生息

171. 保险公司依据保险公司的财务状况、盈利目标和其他因素决定分红寿险的盈余分配方案。在分红现金价值寿险中，分红最常见的红利选择是(　　)。

A. 现金给付　　B. 抵缴保费

C. 购买缴清增额保险　　D. 累积生息

E. 购买一年定期保险

172. 保险合同采用书面形式，下列(　　)是保险合同的组成部分。

A. 投保单　　B. 临时保险单

C. 保险单　　D. 保险凭证

E. 见证人的证明材料

173. 根据我国《保险法》规定，人身保险中对投保人具有保险利益的人包括投保人的(　　)等。

A. 配偶　　B. 父母

C. 子女　　D. 抚养人

E. 扶养人

174. 我们在投保时，要遵循最大诚信原则，下列属于人身险的重要告知事实是(　　)。

A. 年龄　　B. 性别

C. 既往病史　　D. 爱好

E. 标的风险状况

175. 根据风险造成的损失程度和风险发生的损失频率的不同，人们对风险有不同处理方式，其中风险自留主要适用于(　　)。

A. 在其他处理风险的方法不可取得的情况下

B. 对于损失程度并不严重的风险

C. 在损失能够被较为精确的预测的情况下

D. 保险的附加费用低

E. 损失频率很低，损失程度很高的情况下

176. 下列关于个人投保的说法正确的是(　　)。

A. 一个人同时可以拥有几份保单

B. 一个人可以在两家或以上的保险公司拥有保障对象一样的保单

C. 个人可以通过银行购买部分保险

D. 保险就是纯消费型的产品

E. 保险和投资是个人理财规划的重要工具

177. 不同的人寿保险的保险单成本可能有很大的差异，而这种差异主要是因为提供保单的保险公司的(　　)不同造成的。

A. 运作效率　　B. 核保政策

C. 营销成本　　D. 利润目标

E. 投资业绩

178. 风险管理的成本是指由于风险的存在和风险事故发生后，人们必须支出的费用或预期经济利益的减少，这是风险的代价，主要包括(　　)。

A. 风险损失的实际成本　　B. 风险损失的机会成本

C. 风险损失的间接成本　　D. 风险损失的直接成本

E. 处理风险的费用

179. 风险衡量是在风险识别的基础上衡量潜在损失的规模和损失发生的可能性，主要通过(　　)来衡量。

A. 损失的数学期望　　B. 损失的概率

C. 损失额度　　D. 损失的波动程度

E. 损失变量的方差

180. 在进行人寿保险的评估时，可以运用保单的成本比较法比较两份保单，常用的成本比较法有(　　)。

A. 传统净成本法　　B. 净现值法

C. 利息调整净成本法　　D. 等收益法

E. 等支出法

三、判断题（请在正确的题目后的括号内画“√”，在错误的题目后的括号内画“×”，下同）

181. 如果已经参加了社会基本医疗保险，可投保一些包括门诊、住院等在内的综合医疗保险，另外再考虑重大疾病或津贴类健康保险，这就可以获得一份全面的健康保障了。　　(　　)

182. 企业与保险公司签订损失敏感型合同，实际上是保险公司为企业提供了贷款。　　(　　)

183. 多触发原因保单只有在损失超过了免赔额，并且保单中规定一些其他事故也发生了的时候，保险公司才会进行赔付。　　(　　)

184. 或有债务和或有权益与事先进行借款和发行新股并持有到损失发生时相比，具有一定的优势。　　(　　)

185. 非承诺信用限额合同中，银行许诺在合同有效期内对企业提供贷款，同时规定了贷款的利率。　　(　　)

186. 再保险虽然以原保险的存在为前提，但在保险责任范围与保险责任期间上，与原保险并不一致。　　(　　)

187. 商业保险都是秉着投保人自愿的原则进行的。　　(　　)

188. 原保险的保险人不得以再保险的接受人未履行再保险责任为由，拒绝履行或者迟延履行其原保险责任，再保险的接受人也不得向原保险的接受人提出缴纳保险费的主张。　　(　　)

189. 投保人申报的被保险人年龄不真实，保险人在合同成立起两年内发现的，可以解除保险合同。　　(　　)

190. 如果保险合同中没有特别约定，保险合同订立就成立并生效，即使投

保人未缴纳保险费，发生了保险责任范围内的事故，保险人依然要承担赔偿或给付保险金的责任。（ ）

191. 如果希望将人寿保险金保留到第二位配偶死亡时支付遗嘱清理费用，而不是第一位配偶死亡时使用，那么指定可撤销的寿险信托为保单持有人将是一个很好的方法。（ ）

192. 缴纳保险费是投保人的义务，投保人不按照合同约定缴纳保险费的，保险人可以提起诉讼，强制投保人缴纳。（ ）

193. 保险合同成立后，投保人可以解除保险合同，而保险人不得解除保险合同。（ ）

194. 投保人申报的被保险人年龄不真实，并且真实年龄不符合保险合同约定的年龄限制的，保险人发现时可以解除保险合同。（ ）

195. 根据我国《保险法》第四十三条规定，保险标的遭受部分损失时，当事人双方都有要求终止合同的权利，但投保人选择终止合同，必须在保险人赔偿之日起的 30 日内提出来，超过此期限，投保人便丧失了要求终止合同的权利，而保险人随时可以要求终止合同。（ ）

196. 人身保险中的受益人可以是指定的，也可以是法定的，法定优于指定。（ ）

197. 多种原因连续发生，即各原因依次发生，持续不断，且具有前因后果的关系。所损失是有两个以上的原因造成，且各原因之间的因果关系未中断，则最先发生并造成一连串事故的原因为近因。如果该近因为保险责任，保险人应付责任赔偿损失；反之，不负责。（ ）

198. 人身保险产品的需求面广，因此需求弹性较小。（ ）

199. 两全保险的每张保单的保险金的给付是必然的，因此其保险费率较高。（ ）

200. 一般遗属的必要生活备用金多于遗属的必要生活费。（ ）

第二章 投资规划

一、单项选择题

1. 理财规划师在为客户做投资规划建议时，应当让客户明确一些基本的投资常识，其中证券的系统性风险又称为(　　)。

A. 预想到的风险　　B. 独特的或资产专有的风险

C. 市场风险　　D. 基本风险

2. 理财规划师在为客户做投资规划建议时，应当让客户明确一些基本的投资常识，其中证券的非系统性风险又称为(　　)。

A. 预想到的风险　　B. 独特的或资产专有的风险

C. 市场风险　　D. 基本风险。

3. 在面对市场多种多样风险的时候，投资者在证券市场对于(　　)风险可以通过投资的多样化来消除。

A. 预想到的风险　　B. 独特的或资产专有的风险

C. 市场风险　　D. 基本风险

4. 在面对市场多种多样的风险的时候，投资者应该谨慎操作，慎重地对待风险。下列说法正确的是(　　)。

A. 系统性风险对投资者不重要

B. 系统性风险可以通过多样化来消除

C. 承担风险的回报独立于投资的系统性风险

D. 承担风险的回报取决于系统性风险

5. 在资本市场进行投资时，投资者需要注意的是，如果红利增长率(　　)，运用固定增长的红利贴现模型就无法获得股票的价值。

A. 高于它的历史平均水平　　B. 高于市场资本化率

C. 低于它的历史平均水平　　D. 低于市场资本化率

6. 投资者王先生打算买一只普通股并持有 1 年，在年末投资者预期得到的红利为 1.50 元，预期股票那时可以 26 元的价格售出。如果投资者想得到 15% 的回报率，现在王先生愿意支付的最高价格为（　　）元。

A. 22.61　　B. 23.91

C. 24.50　　D. 27.50

7. 理财规划师在利用投资分析模型进行投资分析的时候，运用红利贴现模型，不影响贴现率 k 的因素是(　　)。

A. 真实无风险回报率　　B. 股票风险溢价

C. 资产回报率　　D. 预期通胀率

8. 如果王先生投资一家公司的股票，该公司年末股权收益率为 15%，留存比率为 40%，则它的收益和红利的持续增长率为(　　)。

A. 6%　　B. 9%

C. 15%　　D. 40%

9. 王先生投资的一只股票预计 1 年后发放红利 1.00 元，并且以后每年增长 5%。在红利贴现模型中，该股票现在的价格应为 10 元。根据单阶段固定增长红利贴现模型，如果王先生要求的回报率为 15%，则两年后股票的价值为(　　)元。

A. 11.03　　B. 12.10

C. 13.23　　D. 14.40

10. 王先生持有的一种面值为 100 元的每年附息票债券，5 年到期，到期收益率为 10%。如果息票利率为 7%，则该债券现在的价值为(　　)元。

A. 71.29　　B. 62.09

C. 112.30　　D. 88.63

11. 王先生持有的另外一种面值为 100 元的每年附息票债券，5 年到期，到期收益率为 10%。如果息票利率为 12%，则该债券现在的价值为(　　)元。

A. 92.28　　B. 92.42

C. 107.58　　D. 107.72

12. 投资者张先生持有一种面值为 100 元的每半年附息票债券，5 年到期，到期收益率为 10%。如果息票利率为 8%，则该债券的现值为(　　)元。

A. 92.28　　B. 92.42

C. 107.58　　D. 107.72

13. 如果张先生在持有的债券到期日前急需将手中的债券变现，他购买债券后市场利率水平上升，他将(　　)。

A. 获得收益　　B. 蒙受损失

C. 无收益也无损失　　D. 无法确定

14. 理财规划师在为客户做投资规划建议时，应当明确一些基本的投资常识和分析方法与工具，其中系统性风险可以用(　　)来衡量。

A. β系数　　B. 相关系数

C. 收益率的标准差　　D. 收益率的方差

15. 如果王先生拥有的投资组合30%投资于A股票，20%投资于B股票，10%投资于C股票，40%投资于D股票。这些股票的β系数分别为1.2、0.6、1.5和0.8。则组合的β系数为(　　)。

A. 0.90　　B. 0.95

C. 1.00　　D. 1.20

16. 如果张先生的投资组合包含3种证券：无风险资产和两只股票，它们的权重都是1/3，如果其中一只股票的β系数等于1.6，而整个组合的系统性风险与市场是一样的，那么另一只股票的β系数等于(　　)。

A. 1.00　　B. 1.20

C. 1.40　　D. 1.60

17. 在运用投资规划的分析方法时，理财规划师需要掌握一些详细的理论背景，现代资产定价理论的出现是为了解决(　　)。

A. 证券市场的效率问题　　B. 衍生证券的定价问题

C. 证券投资中收益—风险关系　　D. 证券市场的流动性问题

18. 从20世纪50年代开始，金融学由定性分析逐步演变到定量分析，产生了一系列有重要影响的资产定价模型，其中最具影响和争议的一个是夏普等人提出的(　　)。

A. 套利定价模型　　B. 资本资产定价模型

C. 期权定价模型　　D. 有效市场理论

19. 在投资理论和实务中，我们经常会听到不要将所有的鸡蛋放入同一个篮子里的说法，这是进行投资的分散化处理。对证券进行分散化投资的目的是(　　)。

A. 取得尽可能高的收益

B. 尽可能回避风险

C. 在不牺牲预期收益的前提条件下降低证券组合的风险

D. 复制市场指数的收益

20. 投资者通常需要同时考虑两个目标，即收益最大化和风险最小化，实际上这两个目标(　　)。

A. 是相互冲突的　　B. 是一致的

C. 可以同时实现　　D. 大多数情况下可以同时实现

21. 理财规划师在为客户进行资产配置之前需要先理清资产类别，理解各大类资产的主要特征。大部分有形资产和金融资产可以归类为三大类，其中不包括(　　)。

A. 资金资产　　B. 资本资产

C. 耗用和可交易资产　　D. 保值资产

22. 无风险资产是我们进行投资分析时经常需要借助的工具，下面的描述适用于无风险资产特征的有(　　)。

A. 它的收益是确定的

B. 它的收益率的标准差为零

C. 它的收益率与风险资产的收益率不相关

D. 以上皆是

23. 在均值方差分析中，研究最优证券组合和投资的有效边界时，引入无风险借贷后，有效边界的范围为(　　)。

A. 仍为原来的马柯维茨有效边界

B. 从无风险资产出发到与原马柯维茨有效边界相切切点的直线段

C. 从无风险资产出发到与原马柯维茨有效边界相切切点的直线段加原马柯维茨有效边界在切点以后的部分

D. 从无风险资产出发与原马柯维茨有效边界相切的射线

24. 在经典的夏普资本资产定价模型中，CAPM 的一个重要特征是在均衡状态下，每一种证券在切点组合中的比例(　　)。

A. 相等　　B. 非零

C. 与证券的预期收益率成正比　　D. 与证券的预期收益率成反比

25. 对于经典的资本资产定价模型所得到的一系列结论中，下列关于风险与收益的说法不正确的是(　　)。

A. 具有较大 β 系数的证券具有较大的非系统风险

B. 具有较大 β 系数的证券具有较高的预期收益率

C. 具有较高系统风险的证券具有较高的预期收益率

D. 具有较高非系统风险的证券没有理由得到较高的预期收益率

26. 理财规划师小刘帮助投资者王先生对于他所持有的某证券进行特征线模型分析时，得到的结论为该证券的 α 系数为正，说明(　　)。

A. 它位于 SML 下方　　B. 它的实际收益率低于预期收益率

C. 它的 β 系数大于 1　　D. 它的价格被低估

27. 假定近来计算机类股票的期望收益率是 16%，MBI 是一大型计算机公司，其即将支付每股 2 元的分红。如果 MBI 公司的股票每股售价为 50 元，则其红利的市场期望增长率为（　　）。

A. 10%　　B. 12%

C. 11.8%　　D. 13%

28. 套利定价理论认为，套利行为是现代有效市场形成的一个决定因素。根据套利定价理论，如果(　　)的话，市场上就会存在无风险的套利机会。

A. 市场无效　　B. 市场有效

C. 市场未达到均衡状态　　D. 市场已经达到均衡状态

29. 假定近来计算机类股票的期望收益率是16%，MBI是一大型计算机公司，其即将支付每股2元的分红。如果预计MBI公司的红利年增长率下降到每年5%，其股价为(　　)元。

A. 18.18　　B. 19.19

C. 20.00　　D. 21.21

30. 套利定价模型是一个描述为什么不同证券具有不同的期望收益的均衡模型。套利定价理论不同于单因素CAPM模型，是因为套利定价理论(　　)。

A. 更注重市场风险　　B. 减小了分散化的重要性

C. 承认多种非系统风险因素　　D. 承认多种系统风险因素

31. 在证券投资理论的框架中，一旦均衡价格关系被破坏，投资者会尽可能大地占领市场分额，这是(　　)的实例。

A. 优势竞争　　B. 均方差有效率边界

C. 无风险套利　　D. 资本资产定价模型

32. 套利定价模型同资本资产定价模型在资产组合管理中应用的范围差不多，只是具体的决策依据和思路依模型的不同而有差异。但套利定价理论比简单的CAPM模型具有更大的潜在优势，其特征是(　　)。

A. 对生产、通胀与利率期限结构的预期变化的确定，可作为解释风险与收益间相互关系的关键因素

B. 对无风险收益率按历史时间进行更好地测度

C. 对给定的资产，按时间变化衡量套利定价理论因素敏感性系数的波动性

D. 使用多个因素而非单一市场指数来解释风险与收益的相关性

33. 投资者对市场的判断决定他对投资策略的选择。一般地讲，认为证券市场是有效市场的机构投资者倾向于选择(　　)。

A. 市场指数型证券组合　　B. 收入型证券组合

C. 平衡型证券组合　　D. 有效型证券组合

34. 王先生正考虑投资于ABC公司。他估计了该公司股票收益率的概率分布如下：

收益率（%）	概　率
-10	0.10
0	0.25
10	0.40
20	0.20
30	0.05

基于王先生的估计，该股票的期望收益率和标准差应为(　　)。

A. 8.50%和10.25%　　B. 8.50%和12.50%

C. 8.25%和12.50%　　D. 8.25%和10.25%

35. 在证券投资组合理论的各种模型中，反映证券组合期望收益水平和多个因素风险水平之间均衡关系的模型是(　　)。

A. 多因素模型　　B. 特征线模型

C. 资本资产定价模型　　D. 套利定价模型

36. 张先生所投资某公司的股权收益率（ROE）为16%，再投资比率为50%。如果预计该公司明年的收益是每股2元，假定市场资本化率为12%，其股价应为(　　)元。

A. 20　　B. 25

C. 30　　D. 35

37. 王先生所投资的某公司的股权收益率（ROE）为16%，再投资比率为50%。如果预计该公司明年的收益是每股2元，市场资本化率为12%。预测该公司股票3年后的售价为(　　)元。

A. 30.68　　B. 31.49

C. 32.52　　D. 33.92

38. 如果张先生投资一组证券组合，其中有一只为无风险证券，三只证券的预期收益率分别为E（r_f）=6%，E（r_M）=14%，E（r_P）=18%的资产组合的β值等于(　　)。

A. 1.0　　B. 1.2

C. 1.5　　D. 2.0

39. 在投资组合管理的分析中，我们可以从投资的有效边界得到资本市场线，进而可以得到证券市场线，证券市场线描述的是(　　)。

A. 证券的预期收益率与其系统风险的关系

B. 市场资产组合是风险性证券的最佳资产组合

C. 证券收益与指数收益的关系

D. 由市场资产组合与无风险资产组成的完整的资产组合

40. 根据 CAPM 模型，假定市场预期收益率 = 15%，无风险利率 = 8%，张先生所持有的 XYZ 证券的预期收益率 = 17%，XYZ 的 $\beta = 1.25$，以下说法中正确的是(　　)。

A. XYZ 被高估　　B. XYZ 是公平定价

C. XYZ 的 α 值为 -0.25%　　D. XYZ 的 α 值为 0.25%

41. 资本资产定价模型最核心的应用是搜寻市场中具有投资价值的证券，运用该模型进行分析的时候，零 β 证券的预期收益率是(　　)。

A. 市场收益率　　B. 零收益率

C. 负收益率　　D. 无风险收益率

42. 资本资产定价模型描述的最根本的关系是期望收益率与风险之间的关系，它认为资产组合收益可以由(　　)得到最好的解释。

A. 经济因素　　B. 特有风险

B. 系统风险　　D. 分散化

43. 根据资本资产定价模型，每一证券的期望收益率应等于无风险利率加上该证券由 β 系数测定的风险溢价，β 值为 1.0，α 值为 0 的资产组合的预期收益率为(　　)。

A. 在 r_M 和 r_f 之间　　B. 无风险利率 r_f

C. $\beta\ (r_M - r_f)$　　D. 市场预期收益率 r_M

44. 获取收益是投资者进行投资的主要目的，因此对投资者的投资效益进行评价时，就要对收益情况进行比较。下列属于衡量普通股股东当期收益率指标的是(　　)。

A. 普通股每股净收益　　B. 股息发放率

C. 普通股获利率　　D. 股东权益收益率

45. 市场普遍认为：ANL 电子公司的股权收益率（ROE）为 9%，$\beta = 1.25$，传统的再投资比率为 2/3，公司计划仍保持这一水平。今年的收益是每股 3 元，年终分红刚刚支付完毕。绝大多数人都预计明年的市场期望收益率为 14%，近日国库券的收益率为 6%。ANL 电子公司的股票售价应是(　　)元。

A. 9.60　　B. 10.60

C. 11.60　　D. 12.20

46. 理财规划师在为客户进行投资规划时需要慎重，因为投资规划是一个非常复杂的工作，而确定证券投资政策涉及(　　)。

A. 决定投资收益目标、投资资金的规模、投资对象以及投资策略和措施

B. 对投资过程所确定的金融资产类型中个别证券或证券群的具体特征进行考察分析

C. 确定具体的投资资产和投资者的资金对各种资产的投资比例

D. 投资组合的业绩评估

47. 风险和收益始终是投资者最为关注的问题，在证券投资组合管理理论中，反映证券组合期望收益水平和总风险水平之间均衡关系的方程式是(　　)。

A. 证券市场线方程　　B. 证券特征线方程

C. 资本市场线方程　　D. 套利定价方程

48. 风险和收益始终是投资者最为关注的问题，证券投资组合管理理论对此进行了深入的研究，而证券组合是指个人或机构投资者所持有的各种(　　)。

A. 股权证券的总称　　B. 流通证券的总称

C. 有价证券的总称　　D. 上市证券的总称

49. 在马柯威茨均值方差模型中，由一种无风险证券和一种风险证券构建的证券组合的可行域是均值标准差平面上的(　　)。

A. 一个区域　　B. 一条折线

C. 一条直线　　D. 一条光滑的曲线

50. 在运用投资规划的分析方法时，理财规划师需要掌握一些详细的理论背景，(　　)的出现标志着现代证券组合理论的开端。

A.《证券投资组合原理》　　B. 资本资产定价模型

C. 单一指数模型　　D.《资产组合的选择》

51. 李先生 1 年前以每股 17 元的价格买入股票，1 年后，每股分红 0.5 元，刚分红不久，李先生就将股票以 19 元的价格卖出，收益率为(　　)。

A. 12.56%　　B. 13.96%

C. 14.12%　　D. 14.71%

52. 股票 A 在牛市中的预期回报率为 40%，在熊市中的回报率为 -20%，在平衡市中的回报率为 5%；下一年为牛市、熊市和平衡市的概率分别为 30%、30%、40%，那么预期收益率和风险各为(　　)。

A. 8%和 23.37%　　B. 8%和 25.37%

C. 9%和 23.37%　　D. 9%和 25.37%

53. 理财规划师小王在进行投资分析时，测算出某公司的 β 值为 1.5，无风险收益率为 4%，风险溢价为 8%，则该公司股票的预期收益率为(　　)。

A. 16%　　B. 17%

C. 18%　　D. 20%

54. 股票 A 每年有一个 15%的 ROE，每股有 3 元的期望利润和 2 元的期望红利。每年市场平均回报率是 10%。（公司 A 的增长符合固定股利增长模型要求）则该股票的市盈率是（　　）。

A. 10　　B. 13.33

C. 18.33　　D. 20

55. 张先生在进行证券投资时发现，某公司股票的 β 系数为 2.5，目前无风险收益率为 6%，市场上所有股票的平均报酬率为 10%，若该股票为固定成长股，成长率为 6%，预计 1 年后的股利为 1.5 元，那么当该股票的价格为（　　）元时可买入。

A. 10　　B. 15

C. 20　　D. 25

56. 王先生持有 K 公司股票 100 股，每股面值 100 元，投资最低报酬率为 20%。预期该公司未来 3 年股利成零增长，每期股利 20 元。预计从第 4 年起转为正常增长，增长率为 10%。则该公司股票的价格应为（　　）元。

A. 153.65　　B. 162.35

C. 169.44　　D. 171.23

57. 张先生持有的一只股票在今后 3 年中不打算发放红利，在第 3 年，预计红利为每股 1.00 元，红利支付率为 50%，股权收益率为 20%，如果预期收益率为 12%，目前，该股票的价值最接近于（　　）元。

A. 38.56　　B. 39.86

C. 40.52　　D. 42.84

58. 王先生 1 年前以 20 元每股的价格买入股票，1 年后，每股分红 1 元，刚分红不久，王先生就将股票以 23 元的价格卖出，则王先生的该笔投资的投资收益率为（　　）。

A. 10%　　B. 20%

C. 25%　　D. 30%

59. 某债券面值 100 元，票面利率为 6%，期限 5 年，每年付息 1 次，李小姐以 95 元买进，两年后涨到 98 元并出售，则李小姐此项投资的收益率为（　　）。

A. 8.63%　　B. 10.41%

C. 12.45%　　D. 15.79%

60. 现代投资学最根本的特征是在其所阐述的理论和方法中对投资风险的关注。下列关于投资组合理论的认识错误的是（　　）。

A. 当增加投资组合中资产的种类时，组合风险将不断降低，而收益仍然是个别资产的加权平均值

B. 投资组合中的资产多样化到一定程度后，惟一剩下的风险是系统风险

C. 在充分组合的情况下，单个资产的风险对于决策是没有用的，投资人关注的只是投资组合的风险

D. 在投资组合理论出现以后，风险是指投资组合收益的变动性

61. 王先生购买了某公司 2000 年 1 月 1 日发行的期限为 10 年的债券，2010 年 12 月 31 日到期，票面利率为 8%，每年付息 1 次，面额为 100 元，市场同类债券的利率为 8%，2001 年 1 月 1 日市场利率上升为 9%，则此债券的价格应为(　　)元。

A. 88　　B. 94

C. 100　　D. 110

62. 王先生购买了某公司 2000 年 1 月 1 日发行的期限为 10 年的债券，2010 年 12 月 31 日到期，票面利率为 8%，每年付息 1 次，面额为 100 元，市场同类债券的利率为 8%，2001 年 1 月 1 日市场利率下降为 7%，问此债券的价格应为(　　)元。

A. 88　　B. 94

C. 100　　D. 106.52

63. 张先生所持有的某公司 1995 年 1 月 1 日发行的面值 100 元的债券，到期日为 2004 年 12 月 31 日，票面利率为 8%，必要报酬率为 7%，此债券为一次性还本附息债券，则该债券的价格为(　　)元。

A. 95.32　　B. 100

C. 109.75　　D. 116.52

64. 某面值 100 元的 5 年期一次性还本附息债券的票面利率为 8%，1996 年 1 月 1 日发行，张先生在发行两年后（即 1998 年 1 月 1 日）买入。假定此时此债券的必要收益率为 6%，买卖的价格应为(　　)元。

A. 96.35　　B. 100

C. 105.77　　D. 108.52

65. ABC 公司 2000 年 1 月 1 日发行债券，面值 100 元，票面利率为 8%，每年付息，到期期限 10 年。如果债券发行时到期收益率为 8%，1 年后降为 7%，则持有期收益率为(　　)。

A. 9.56%　　B. 14.52%

C. 16.21%　　D. 18.59%

66. A 公司在 2001 年 1 月 1 日发行 5 年期债券，面值 100 元票面年利率为 10%，于每年 12 月 31 日付息，到期一次还本。如果 2001 年 1 月 1 日同类债券的利率是 9%，则该债券的发行价格应为(　　)元。

A. 95.82　　B. 103.89

C. 109.64　　D. 115.32

67. A公司在2001年1月1日发行5年期债券，面值100元票面年利率为10%，于每年12月31日付息，到期一次还本。如果2001年1月1日同类债券的利率是9%，1年后该债券的市场价格为104.906元，则该债券2002年1月1日的到期收益率为(　　)。

A. 8.50%　　B. 9.26%

C. 10.2%　　D. 10.6%

68. C公司在2001年1月1日发行5年期债券，面值1 000元票面年利率为10%，于每年12月31日付息，到期一次还本。如果2001年1月1日同类债券的利率是9%，该债券发行4年后该公司被披露出会计账目有欺诈嫌疑，这一不利消息使得该债券价格在2005年1月1日由开盘的1 018.52元下跌至收盘的900元。那么跌价后该债券的到期收益率为(　　)。

A. 12.34%　　B. 15.23%

C. 24.28%　　D. 35.62%

69. B企业于2003年3月1日购得平价发行的面额为100元的债券，其票面利率14%，每年3月1日计算并支付一次利息，并于3年后到期还本。该公司若持有该债券至到期日，其到期收益率为(　　)。

A. 12%　　B. 13%

C. 14%　　D. 15%

70. X公司欲在市场上购买Y公司曾在1999年1月1日平价发行的债券，每张面值1 000元，票面利率10%，5年到期，每年12月31日付息。假定2003年1月1日的市场利率为12%，若X在此时欲购买Y债券，则债券的价格为(　　)元时才可购买。

A. 923.45　　B. 956.13

C. 978.21　　D. 982.14

71. C企业发行面值为1 000元、期限为5年、票面利率为10%的每年付息一次，到期还本的长期债券，因市场利率变化，企业决定以950元的价格折价售出，则当时的市场利率是(　　)。

A. 8.97%　　B. 9.45%

C. 10.55%　　D. 11.37%

72. 金融衍生产品是指价值依赖于原生性金融工具的一类金融产品。其中期货合约与现货合同、现货远期合约的最本质区别是(　　)。

A. 期货价格的超前性　　B. 占用资金的不同

C. 收益的不同　　D. 期货合约条款的标准化

73. 期货是交易双方按约定价格在未来某一期间完成特定资产的交易行为。以下有关期货的说法不正确的是(　　)。

A. 通过期货交易形成的价格具有周期性

B. 系统风险对投资者来说是不可避免的

C. 套期保值的目的是为了规避价格风险

D. 因为参与者众多、透明度高，期货市场具有发现价格的功能

74. 期货作为现代金融市场中不可缺少的金融工具，其基本作用包括套期保值和价格发现等功能，期货交易中套期保值的作用是(　　)。

A. 消除风险　　B. 转移风险

C. 发现价格　　D. 交割实物

75. 期货合约是指由(　　)统一制定的，规定在将来某一特定时间和地点交割一定数量和质量商品的标准化合约。

A. 中国证监会　　B. 期货交易所

C. 期货行业协会　　D. 期货经纪公司

76. 按照交易标的期货可以划分为实物期货和金融期货。后者是指以金融工具作为标的物的期货合约，主要包括外汇、利率和股票指数期货等。最早产生的金融期货品种是(　　)。

A. 利率期货　　B. 股指期货

C. 国债期货　　D. 外汇期货

77. 6月5日，李先生在大连商品交易所开仓卖出大豆期货合约40手，成交价为2 220元/吨，当日结算价格为2 230元/吨，交易保证金比例为5%，则该客户当天须缴纳的保证金为(　　)元。

A. 44 600　　B. 22 200

C. 44 400　　D. 22 300

78. 期货交易中，交易者根据交易合约市值的5%～15%缴纳保证金，作为履行合约的信用担保。这种制度称作保证金制度。我国期货交易的保证金分为(　　)和交易保证金。

A. 交易准备金　　B. 交割保证金

C. 交割准备金　　D. 结算准备金

79. 期货是交易双方按约定价格在未来某一期间完成特定资产的交易行为。期货交易中套期保值者的目的是(　　)。

A. 在未来某一日期获得或让渡一定数量的某种货物

B. 通过期货交易规避现货市场的价格风险

C. 通过期货交易从价格波动中获得风险利润

D. 利用不同交割月份期货合约的差价进行套利

80. 期货交易的金字塔式买入卖出方法认为，若建仓后市场行情与预料相同并已使投机者盈利，则可以(　　)。

A. 平仓　　B. 持仓

C. 增加持仓　　D. 减少持仓

81. 期货交易所为交易双方提供结算交割服务和履约担保，实行严格的结算交割制度，下面关于交易量和持仓量一般关系描述正确的是(　　)。

A. 只有当新的买入者和卖出者同时入市时，持仓量才会增加，同时交易量下降

B. 当买卖双方有一方作平仓交易时，持仓量和交易量均增加

C. 当买卖双方均为原交易者，双方均为平仓时，持仓量下降，交易量增加

D. 当双方合约成交后，以交割形式完成交易时，一旦交割发生，持仓量不变

82. 金融期货是指以金融工具作为标的物的期货合约，主要包括外汇、利率和股票指数期货等。目前，在全世界的金融期货品种中，交易量最大的是(　　)。

A. 外汇期货　　B. 利率期货

C. 股指期货　　D. 股票期货

83. 期权是指某一标的物的买卖权或选择权，具有在某一限定时间内按某一指定的价格买进或卖出某一特定商品或合约的权利。以下为实值期权的是(　　)。

A. 执行价格为 350，市场价格为 300 的卖出看涨期权

B. 执行价格为 300，市场价格为 350 的买入看涨期权

C. 执行价格为 300，市场价格为 350 的买入看跌期权

D. 执行价格为 350，市场价格为 300 的买入看涨期权

84. 期货合约的了结并不一定必须履行实际交货义务，买卖期货合约者在规定的交割日期前任何时候都可通过数量相同、方向相反的交易将持有的合约相互抵销，无需再履行实际交货的义务。基差交易是指按一定的基差来确定(　　)，以进行现货商品买卖的交易形式。

A. 现货与期货价格之差　　B. 现货价格与期货价格

C. 现货价格　　D. 期货价格

(一) 阅读以下案例，回答下面的 85 ~ 89 题：

XYZ 公司在 1994 年 1 月 1 日平价发行新债券，每张面值 1 000 元，票面利率 10%，5 年到期，每年 12 月 31 日付息（计算过程中至少保留小数点后 4 位，计

算结果取整)。

85. 通常情况下，当市场利率上升时，长期固定利率债券价格的下降幅度(　　)短期债券的下降幅度。

A. 大于　　B. 小于
C. 等于　　D. 不确定

86. 投资者王先生持有 XYZ 公司在 1994 年 1 月 1 日发行的债券，该债券 1994 年 1 月 1 日的到期收益率是(　　)。

A. 8%　　B. 9%
C. 10%　　D. 11%

87. 假定王先生持有 XYZ 公司的该债券至 1998 年 1 月 1 日，而此时的市场利率下降到 8%，那么该债券的价值是(　　)元。

A. 989　　B. 1 019
C. 1 059　　D. 1 109

88. 假定王先生持有 XYZ 公司的该债券至 1998 年 1 月 1 日，而此时的市价为 900 元，此时购买该债券的到期收益率是(　　)。

A. 19%　　B. 20%
C. 21%　　D. 22%

89. 假定 1996 年 1 月 1 日的市场利率为 12%，债券的合理市价应为(　　)元。

A. 952　　B. 960
C. 972　　D. 981

(二) 阅读以下案例，回答下面的 90～94 题：

投资者张先生持有 A 公司股票 100 股，预期该公司未来 3 年股利为零增长，每期股利 20 元。预计从第 4 年起转为正常增长，增长率为 5%。目前无风险收益率 6%，市场平均股票要求的收益率为 11.09%，A 公司股票的标准差为 2.8358，市场组合的标准差为 2.1389，两者的相关系数为 0.8928。

90. 根据以上提供的数据，理财规划师小王可以为张先生做出基本的判断和理财规划建议，首先，A 股票的 β 系数为(　　)。

A. 0.92　　B. 1.00
C. 1.18　　D. 1.32

91. 基于上面的分析和判断，理财规划师小王可以进一步的得到张先生对于 A 股票所要求的必要报酬率为(　　)。

A. 9%　　B. 10%
C. 11%　　D. 12%

92. 对于张先生所持有的 A 公司股票，获取收益是他进行投资的基本目的，而该股票前 3 年的股利现值之和为(　　)元。

A. 32.89　　B. 48.04

C. 56.12　　D. 61.08

93. 由以上的分析和判断，小王可以为张先生计算得到，如果张先生持有该股票至第 4 年，则该股票价值的现值为(　　)元。

A. 213.54　　B. 222.13

C. 229.31　　D. 238.94

94. 张先生持有的 A 公司股票市值为(　　)元。

A. 25 618　　B. 26 158

C. 30 265　　D. 31 891

（三）阅读以下案例，回答下面的 95～101 题：

假设资本资产定价模型成立，下表中的数字是相互关联的。根据要求计算表中①～⑩位置的数字。

证券名称	期望报酬率	标准差	与市场组合的相关系数	β值
无风险资产	①	0	②	③
市场组合	④	0.1	⑤	⑥
A 股票	0.22	⑦	0.65	1.3
B 股票	0.16	0.15	⑧	0.9
C 股票	0.31	⑨	0.2	⑩

95. 请给出表中②和③的值(　　)。

A. 0 和 0　　B. 0 和 1

C. 1 和 0　　D. 1 和 1

96. 请给出表中⑤和⑥的值(　　)。

A. 0 和 0　　B. 0 和 1

C. 1 和 0　　D. 1 和 1

97. 请给出表中①和④的值(　　)。

A. 0.025 和 0.175　　B. 0.045 和 0.175

C. 0.025 和 0.195　　D. 0.045 和 0.195

98. 请给出表中⑦的值，即 A 股票的标准差(　　)。

A. 0.15　　B. 0.2

C. 0.25　　D. 0.4

99. 请给出表中⑧的值，即 B 股票与市场组合的相关系数(　　)。

A. 0.2　　B. 0.4

C. 0.6　　D. 0.8

100. 请给出表中⑩的值，即 C 股票的 β 值(　　)。

A. 0.9　　B. 1.5

C. 1.9　　D. 2.4

101. 请给出表中⑨的值，即 C 股票的标准差(　　)。

A. 0.85　　B. 0.95

C. 1.2　　D. 1.5

(四) 阅读以下案例，回答下面的 102～105 题：

C 公司在 2001 年 1 月 1 日发行 5 年期债券，面值 1 000 元，票面利率 10%，于每年 12 月 31 日付息，到期时一次还本。

102. 一般来说，债券的(　　)指的是以特定价格购买债券并持有至到期日所能获得的收益率。

A. 持有期收益率　　B. 实际收益率

C. 到期收益率　　D. 平均收益率

103. 假定 2001 年 1 月 1 日金融市场无风险利率是 9%，那么该债券的发行价应定为(　　)元。

A. 1 038.90　　B. 1 045.12

C. 1 052.25　　D. 1 067.48

104. 假定 1 年后该债券的市场价格为 1 049.06 元，该债券于 2002 年 1 月 1 日的到期收益率是(　　)。

A. 7.5%　　B. 8.0%

C. 8.5%　　D. 8.9%

105. 如果该债券发行 4 年后该公司被揭露出会计账目有欺诈嫌疑，这一不利消息使得该债券价格在 2005 年 1 月 1 日由开盘的 1 018.52 元跌至收盘的 900 元。跌价后该债券的到期收益率是(　　)(假设能够全部按时收回本息)。

A. 19.19%　　B. 20.20%

C. 21.21%　　D. 22.22%

(五) 阅读以下案例，回答下面的 106～108 题：

CD 公司的股票当前售价为每股 10 元，预计明年每股收益 2 元，公司有一项政策规定每年收益的 50% 用于分红，其余收益留下来用于投资于年收益率为 20% 的项目。上述情况的预期是不确定的。假定 CD 公司利用固定增长的红利贴现模型估计出公司股票当前市值反映了其内在价值。

106. 通常情况下，当股票市价低于股票价值时，则预期报酬率(　　)投资人所要求的最低报酬率。

A. 高于　　B. 低于

C. 等于　　D. 可能高于也可能低于

107. 该公司的股利增长率是(　　)。

A. 5%　　B. 10%

C. 15%　　D. 20%

108. CD公司的投资者所要求的收益率是(　　)。

A. 15%　　B. 20%

C. 25%　　D. 30%

(六) 阅读以下案例，回答下面的109～113题：

某公司2000年1月1日发行的债券，面值为100元，10年期，票面利率为10%，每年付息一次，到期还本，发行时债券市场利率为9%，试回答以下问题。

109. 如果王先生欲购买该债券，理财规划师小王为其提供投资规划的建议，则当时合理的发行价格应为(　　)元。

A. 104.23　　B. 106.42

C. 108.87　　D. 110.91

110. 如果王先生持有该债券1年后，即2001年1月1日市场利率下降为8%，此时债券的价格应为(　　)元。

A. 108.13　　B. 110.54

C. 112.49　　D. 114.87

111. 如果王先生持有该债券至2001年1月1日，债券的市场价格变为98元，则到期收益率为(　　)。

A. 10.21%　　B. 10.35%

C. 11.11%　　D. 11.57%

112. 该债券的久期是(　　)年。

A. 6.62　　B. 6.86

C. 7.26　　D. 7.42

113. 债券的利率风险会(　　)。

A. 随到期期限的缩短而上升　　B. 随久期的延长而下降

C. 随利息的增加而下降　　D. 以上都不对

(七) 阅读以下案例，回答下面的114～117题：

无风险收益率为8%，市场资产组合的期望收益率为15%，对于XY公司的股票：β系数为1.2，红利分配率为40%，所宣布的最近一次的收益是每股10元。红利刚刚发放，预计每年都会分红。预计XY公司所有再投资的股权收益率都是20%，假设当前股票市价是100元。

114. 投资者对XY股票的预期收益率为(　　)。

A. 12.6%　　B. 16.4%

C. 20.7%　　D. 25.5%

115. 预期股利增长率为(　　)。

A. 8%　　B. 10%

C. 12%　　D. 14%

116. 当前股票的内在价值为(　　)元。

A. 98.21　　B. 101.82

C. 105.77　　D. 109.38

117. 持有XY股票一年后的收益率为(　　)。

A. 16.51%　　B. 18.52%

C. 20.36%　　D. 22.45%

（八）阅读以下案例，回答下面的118～120题：

两个竞争的股票基金，5年来超过无风险收益的年收益率情况如下：

A基金（%）	B基金（%）
-21.7	-1.3
28.7	15.5
17.0	14.4
2.9	-11.9
28.9	25.4

118. A基金超过无风险收益的收益率和其标准差为(　　)。

A. 11.16%和18.49%　　B. 12.64%和18.49%

C. 11.16%和21.24%　　D. 12.64%和21.24

119. B基金超过无风险收益的收益率和其标准差为(　　)。

A. 8.42%和14.85%　　B. 10.21%和14.85%

C. 8.42%和16.31%　　D. 10.21%和16.31%

120. 两只基金的夏普比率是(　　)。

A. 0.5254和0.5670　　B. 0.5254和0.5317

C. 0.5531和0.5670　　D. 0.5531和0.5317

(九)阅读以下案例，回答下面的 121 ~ 123 题：

某公司 2000 年 1 月 1 日发行债券，面值 100 元，票面利率为 8%，每年付息，到期期限 10 年。如果债券发行时到期收益率为 8%，1 年后降为 7%。

121. 债券发行价格应为(　　)元。

A. 95　　B. 100

C. 105　　D. 以上答案都不对

122. 一年后债券的市场价格为(　　)元。

A. 98.31　　B. 100

C. 103.84　　D. 106.52

123. 一年后的持有期收益率为(　　)。

A. 9.56%　　B. 14.52%

C. 16.21%　　D. 18.59%

(十)阅读以下案例，回答下面的 124 ~ 129 题：

小王于日前以 94 元的价格买入股票 A，无风险收益率为 6%，市场资产组合的期望收益率为 14%，已知 A 公司的股票的 β 系数为 1.5，红利分配率为 50%，所宣布的最近一次的收益是每股 5 元。红利刚刚发放，预计每年都会分红，预计 A 公司所有再投资的股权收益率都是 30%。请回答以下问题：

124. 投资者对 A 公司的预期收益率为(　　)。

A. 15%　　B. 16%

C. 17%　　D. 18%

125. 预期股利增长率为(　　)。

A. 13%　　B. 14%

C. 15%　　D. 16%

126. 预期下期股利为(　　)元。

A. 2.875　　B. 3.125

C. 3.875　　D. 4.125

127. 当前股票的内在价值为(　　)元。

A. 91.28　　B. 93.49

C. 95.83　　D. 97.91

128. 如果预计一年后其股票价格与股票价值相等，则其股价应为(　　)元。

A. 96.13　　B. 99.48

C. 106.82　　D. 110.21

129. 如果预计 1 年后其股票价格与股票价值相等，小王持有 A 股票 1 年后的收益率为(　　)。

A. 16.51% B. 18.52%

C. 20.30% D. 22.45%

(十一) 阅读以下案例，回答下面的 130～136 题：

某公司 2000 年 1 月 1 日发行的债券，面值为 100 元，10 年期，票面利率为 10%，每年付息一次，到期还本。

130. 如果当时的市场利率为 9%，则发行价格应为(　　)元。

A. 94.11 B. 97.16

C. 100 D. 106.42

131. 如果当时的市场利率为 10%，则发行价格应为(　　)元。

A. 94.11 B. 97.16

C. 100 D. 106.42

132. 如果当时的市场利率为 11%，则发行价格应为(　　)元。

A. 94.11 B. 97.16

C. 100 D. 106.42

133. 如果一年后，即 2001 年 1 月 1 日市场利率下降为 8%，此时债券的价格应为(　　)元。

A. 108.13 B. 110.54

C. 112.49 D. 114.87

134. 如果到了 2002 年 1 月 1 日债券的市场价格变为 105 元，则到期收益率为(　　)。

A. 9.09% B. 9.13%

C. 9.26% D. 9.42%

135. 如果该债券发行时的市场利率是 11%，则久期是(　　)年。

A. 6.65 B. 6.86

C. 7.26 D. 7.42

136. 如果市场利率上升 1.5%，则债券价格(　　)。

A. 上升 9.65% B. 下降 9.65%

C. 上升 9.98% D. 下降 9.98%

137. 股票 X 每年有一个 20% 的 ROE，每股有 4 元的期望利润和 2 元的期望红利。每年市场平均回报率是 12%。则该股票的（该公司的增长符合固定股利增长模型要求）价格为(　　)元。

A. 80 B. 100

C. 120 D. 140

138. 股票 Y 每年有一个 20% 的 ROE，每股有 4 元的期望利润和 2 元的期望红利。每年市场平均回报率是12%。则该股票（该公司的增长符合固定股利增长模型要求）的市盈率是(　　)。

A. 10　　　　B. 15

C. 20　　　　D. 25

139. 如果ABC公司股票的β系数为1.2，目前无风险收益率为5%，市场上所有股票的平均报酬率为10%，则该股票的必要投资收益率为(　　)。

A. 8%　　　　B. 9%

C. 10%　　　　D. 11%

140. 已知无风险收益率为8%，市场要求的收益率为12%，A公司股票的β值为1.5。如果预计该公司明年的每股红利 $D_1 = 4$ 元，g = 6%，那么该公司的股票售价应该为(　　)元。

A. 30　　　　B. 40

C. 50　　　　D. 60

141. 如果市场上有一只股票在今后3年中不打算发放红利，3年后，预计红利为每股1.00元，红利支付率为50%，股权收益率为20%，如果预期收益率为12%，目前，该股票的价值最接近于(　　)元。

A. 38.56　　　　B. 39.86

C. 40.52　　　　D. 42.84

142. 如果对于一只股票，其股东要求的回报率是12%，固定增长率为8%，红利支付率为40%，则该股票的价格—盈利比率为(　　)。

A. 8　　　　B. 10

C. 12　　　　D. 20

143. 王先生1年前以40元每股的价格买入股票，1年后，每股分红2元，刚分红不久，王先生就将股票以46元的价格卖出，则其投资收益率为(　　)。

A. 10%　　　　B. 20%

C. 25%　　　　D. 30%

144. ER公司股票，投资最低报酬率为18%。预期该公司未来3年股利零增长，每期股利8元。预计从第4年起转为正常增长，增长率为12%。则该公司股票的价格应为(　　)元。

A. 98.62　　　　B. 102.58

C. 106.87　　　　D. 110.10

145. Z公司的债券，票面额为100元，售价98元，3年到期，年息票率为7%，每年付息，则当期收益率为(　　)。

A. 5.46%　　　　B. 6.86%

C. 7.14%　　D. 8.23%

146. XY公司的债券，票面额为100元，售价96元，5年到期，年息票率为7%，半年付息一次。则年到期收益率为(　　)。

A. 8%　　B. 10%

C. 12%　　D. 14%

147. 市场上有一只债券，面值100元，5年期，票面利率为8%，每年支付一次利息，在发行2年后买入，假定当时此债券的必要收益率为6%，买卖的均衡价格应为(　　)元。

A. 98.56　　B. 100.00

C. 112.58　　D. 105.35

148. 市场上有一只债券，面值100元，票面利率为6%，期限5年，每年付息一次，李小姐以95元买进，2年后涨到98元并出售，则李小姐此项投资的收益率为(　　)。

A. 8.63%　　B. 10.41%

C. 12.45%　　D. 15.79%

149. 市场上有一只股票，当前的市场价格是40元，已经支付了每股股利2元，预期的股利增长率是5%，则其市场决定的预期收益率为(　　)。

A. 5%　　B. 5.5%

C. 10%　　D. 10.25%

150. 有一笔国债，5年期，平价发行，票面利率12.22%，单利计息，到期一次还本付息，到期收益率是(　　)。

A. 9%　　B. 11%

C. 10%　　D. 12%

二、多项选择题

151. 在运用投资规划的分析方法时，理财规划师需要掌握一些详细的理论背景，其中现代资产定价理论建立在(　　)和(　　)的框架之上。

A. 有效市场理论　　B. 资产组合理论

C. 资本资产定价理论　　D. 期权定价理论

E. 套利定价理论

152. 风险和收益始终是投资者最为关注的问题，下列关于系统风险和非系统风险的说法正确的是(　　)。

A. 系统风险对所有证券的影响差不多是相同的

B. 系统风险不会因为证券分散而消失

C. 非系统风险只对个别或某些证券产生影响，而与其他证券无关

D. 非系统风险可以通过证券分散化来消除

E. 非系统风险不能通过证券分散化来消除

153. 在传统的均值方差分析方法中，有关最优证券组合和投资的有效边界的研究中，有效组合满足(　　)。

A. 在各种风险条件下，提供最大的预期收益率

B. 在各种风险条件下，提供最小的预期收益率

C. 在各种预期收益率的水平条件下，提供最小的风险

D. 在各种预期收益率的水平条件下，提供最大的风险

E. 风险最小化的同时收益最大化

154. 在运用最优资产组合理论进行投资分析的时候，通常情况下，最优证券组合的选择应满足(　　)。

A. 最优组合应位于有效边界上

B. 最优组合应位于投资者的无差异曲线上

C. 最优组合是惟一的，是无差异曲线与有效边界的切点

D. 上述三条件满足其中之一即可

E. 最优组合不是惟一的

155. 在经典的夏普资本资产定价模型中，CAPM 假设投资者对证券的(　　)有相同的预期。

A. 预期收益率　　B. 流动性

C. 方差　　D. 协方差

E. 便利性

156. 无风险资产是我们进行投资分析时经常需要借助的工具，在具体的分析过程中，引入无风险借贷后，(　　)。

A. 所有投资者对风险资产的选择是相同的

B. 所有投资者选择的最优证券组合是相同的

C. 线性有效边界对所有投资者来说是相同的

D. 所有投资者对证券的协方差的估计变得不同了

E. 所有投资者对证券的预期收益率的估计变得不同了

157. 资本市场线是在以预期收益和标准差为坐标轴的图面上，表示风险资产的有效率组合与一种无风险资产再组合的有效率的组合线。资本市场线方程中所包含的参数有(　　)。

A. 市场证券组合的 β 系数　　B. 无风险利率

C. 市场证券组合的预期收益率　　D. 市场证券组合的标准差

E. 证券之间的协方差

158. 在运用最优资产组合理论进行投资分析的时候，通常情况下，单项证券的收益率可以分解为(　　)的和。

A. 无风险利率　　B. 系统性收益率

C. 其他单个证券的收益率　　D. 市场证券组合的收益率

E. 受个别因素影响的收益率

159. 在资本资产定价理论中，对于证券的风险和价格之间的关系，下列说法正确的有(　　)。

A. 具有较大β系数的证券组合具有较大的系统风险

B. 具有较大β系数的证券组合具有较大的预期收益率

C. 存在较高系统风险的证券组合具有较大的预期收益率

D. 市场不会为投资者承担非系统风险而提供报酬

E. 非系统风险可以通过构建有效证券组合来分散

160. 在资本资产定价模型中，均衡状态下的证券或证券组合的期望收益率与由β系数所测定的风险之间存在简单的线性关系，下列关于β系数的说法正确的有(　　)。

A. β系数大于1的证券的系统风险大于市场证券组合的系统风险

B. β系数小于1的证券的系统风险小于市场证券组合的系统风险

C. β系数等于1的证券的系统风险等于市场证券组合的系统风险

D. β系数大于0的证券没有非系统风险

E. β系数等于0的证券没有系统风险

161. 风险和收益是投资者需要加以权衡的问题。通常情况下，风险规避的投资者会选择较为一般的收益率水平；追求市场平均收益水平的投资者会选择(　　)。

A. 市场指数基金　　B. 收入型证券组合

C. 平衡型证券组合　　D. 增长型证券组合

E. 市场指数型证券组合

162. 基本收益稳定性原则的内容包括(　　)。

A. 投资者在构建证券组合时应考虑公司现金流量的稳定性

B. 投资者在构建证券组合时应考虑投资收益的稳定性

C. 投资者在构建证券组合时应考虑利息收入的稳定性

D. 投资者在构建证券组合时应考虑公司净利润的稳定性

E. 投资者在构建证券组合时应考虑股息收入的稳定性

163. 理财规划师在为客户做有关投资规划的方案时，需要在满足客户基本目标要求的前提下，明确证券组合管理的主要内容，包括(　　)。

A. 计划　　B. 确定最优证券组合

C. 选择证券　　D. 选择时机

E. 监督

164. 投资最直接的作用就是可以实现资产的增值，客户理财目标中需要通过资产增值实现的目标都可以成为客户的投资目标。以客户的理财目标为基础，可以将客户的投资目标分为(　　)。

A. 增加收入以实现消费计划，使消费支出更加合理

B. 保持个人财富实际价值不变，维持实际购买力

C. 获得资本利得收入，增加个人财富

D. 确保个人财务的安全

E. 安排退休后的生活

165. 证券投资基金（以下简称基金）是指一种利益共享、风险共担的集合证券投资方式，计算投资基金单位资产净值的时候需要知道(　　)。

A. 基金申购价格　　B. 基金赎回价格

C. 基金资产总值　　D. 基金的各种费用

E. 基金单位数量

166. 股票是反映财产权的有价证券，它体现的是持券人的财产权，它代表着股东获取股份有限公司按规定分配股息和红利的请求权。影响股票投资价值的内部因素有(　　)。

A. 投资者对股票价格走势的预期　　B. 公司盈利水平

C. 行业因素　　D. 公司股份分割

E. 公司资产重组

167. 债券代表拥有对未来发生的一系列具有确定数额收入流的要求权。下面属于影响债券定价的内部因素的有(　　)。

A. 债券期限长短　　B. 票面利率

C. 提前赎回规定　　D. 税收待遇

E. 流通性

168. 投资规划是理财规划的一个组成部分，理财规划师需要为客户制定具体而科学的投资规划方案。理性的证券投资过程通常包括下列(　　)基本步骤。

A. 确定证券投资政策　　B. 进行证券投资分析

C. 组建证券投资组合　　D. 投资组合的修正

E. 投资组合业绩评估

169. 投资的本质不是单纯追求收益，不能仅仅考虑收益和风险，投资追求的是成本、收益、风险、时间这四个维度的完美结合。在组建证券投资组合时，投资者需要注意(　　)。

A. 证券的价位　　B. 个别证券的选择

C. 投资时机的选择　　D. 证券的业绩

E. 投资多元化

170. 理财规划师在为客户制定投资规划的时候，一定要考虑客户的风险偏好、风险承受能力，根据客户具体情况为其“量身定做”投资规划方案。符合增长型证券组合标准的股票一般具有以下特征：(　　)。

A. 收入和股息稳步增长　　B. 收入增长率非常稳定

C. 低派息　　D. 高预期收益

E. 总收益高，风险低

171. 投资学中的证券组合一词译自英文的 Portfolio。证券组合是指个人或机构投资者所持有的各种有价证券的总称，通常包括各种类型的债券、股票及存款单等。现代证券组合理论的内容包括(　　)等。

A. 套利定价模型　　B. 均值—方差模型

C. 因素模型　　D. 均衡模型

E. 资本资产定价模型

172. 现代证券组合理论是一种数量化的组合管理方法。该理论由美国著名经济学家马柯威茨于 1952 年创立。马柯威茨模型的理论假设有(　　)。

A. 投资者以期望收益率（亦称收益率均值）来衡量未来实际收益率的总体水平，以收益率的方差（或标准差）来衡量收益率的不确定性（风险），因而投资者在决策中只关心投资的期望收益率和方差

B. 不允许卖空

C. 投资者是不知足的和厌恶风险的，即投资者总是希望期望收益率越高越好，而方差越小越好

D. 投资者是风险中性的

E. 所有投资者都具有相同的有效边界

173. 两种证券之间的关系对投资者进行投资组合选择时有着重要的影响，尤其是在风险分散方面。假设 ρ 表示两种证券的相关系数。那么，下列结论正确的有(　　)。

A. ρ 的值为正，表明两种证券的收益有同向变动倾向

B. ρ 的取值总是介于 -1 和 1 之间

C. ρ 的值为负，表明两种证券的收益有反向变动倾向

D. $\rho=1$ 表明两种证券间存在完全同向的联动关系

E. ρ 的值为零，表明两种证券之间没有联动倾向

174. 在马柯威茨的理论中，投资者总会在有效边界上选择他们的证券组合，但不同的投资者会在有效边界上选择不同的最优证券组合。原因是马柯威茨的假设没有对投资者的偏好个性做出任何限定，而投资者会根据自己对期望收益和方差（风险）的具体偏好对有效边界上的组合进行比较，做出最终选择。下列结论正确的有(　　)。

A. 对于不知足且厌恶风险的投资者而言，随着风险水平增加，投资者要求的边际补偿率越来越大

B. 每一个投资者都有自己的无差异曲线族，它反映了该投资者的偏好态度

C. 不同投资者因为偏好态度不同，会拥有不同的无差异曲线族

D. 无差异曲线越陡，表明投资者对风险越厌恶

E. 在资本资产定价模型的假设之下，所有投资者会拥有同一个可行域证券 α 系数反映证券所具有的风险度

175. 资本资产定价模型最核心的应用是搜寻市场中价格被误定的证券。资本资产定价模型的假设条件包括(　　)。

A. 投资者不知足且厌恶风险

B. 资本市场没有摩擦

C. 投资者对证券的收益和风险及证券间的关联性具有完全相同的预期

D. 投资者都依据组合的期望收益率和方差选择证券组合

E. 不允许卖空

176. 现代投资学最根本的特征是在其所阐述的理论和方法中对投资风险的关注。它们讨论的一系列问题的立足点是投资者的投资决策基于对两个目标——“预期收益最大化”和“不确定性（风险）最小化”的权衡。下列结论正确的有(　　)。

A. 在资本资产定价模型的假设下，每个投资者将拥有同一个风险证券组合的可行域

B. 套利定价模型是均衡模型

C. 由于不同投资者偏好态度的具体差异，他们会选择有效边界上不同的组合

D. 因素模型是均衡模型

E. 当存在无风险证券时，有效边界上的任一组合均可看作是由无风险证券与市场组合的再组合

177. 投资者的投资决策基于对两个目标——“预期收益最大化”和“不确

定性（风险）最小化”的权衡。现代证券组合理论为这种权衡提供了一种行之有效的途径。描述证券或组合的收益与风险之间均衡关系的方程或模型包括(　　)。

A. 资本市场线方程　　B. 证券市场线方程

C. 证券特征线方程　　D. 套利定价方程

E. 因素模型

178. 客户的投资目标按照实现的时间进行分类，可以划分为短期目标、中期目标和长期目标。对于客户的长期投资目标，在资产配置上应该侧重于(　　)。

A. 股票　　B. 定期存款

C. 货币市场基金　　D. 不动产

E. 艺术和收藏品

179. 在投资理论和实务中，我们经常会听到不要将所有的鸡蛋放入同一个篮子里的说法，这是告诉我们要进行投资的分散化处理。现代证券组合理论为多元化投资提供了有应用价值的建议，比如(　　)。

A. 构建证券组合时应考虑证券的收益与市场平均收益之间的相关关系

B. 构建证券组合时应考虑公司的盈利能力

C. 构建证券组合时应考虑不同证券的收益之间的相关关系

D. 构建证券组合时应考虑税收的影响

E. 构建证券组合时应考虑公司的增长性

180. 投资者须根据其个人对均值和方差的更具体、精细的偏好态度（用无差异曲线来描述）在有效边界上选择他看来最满意的点（即最满意的证券组合）。假设证券市场上的借贷利率相同，那么有效组合具有的特性包括(　　)。

A. 在具有相同期望收益率水平的组合中，有效组合的风险水平最低

B. 在具有相同风险水平的组合中，有效组合的期望收益率水平最高

C. 有效组合的非系统风险为零

D. 除无风险证券外，有效组合与市场组合之间呈完全正相关关系

E. 有效组合的 α 系数大于零

181. 投资者在寻求“预期收益最大化”的同时追求“收益的最小的不确定性”，在进行决策时必然力求使这两个相互制约的目标达到某种平衡。反映证券组合期望收益水平和风险水平之间均衡关系的模型包括(　　)。

A. 证券市场线方程　　B. 证券特征线方程

C. 资本市场线方程　　D. 套利定价方程

E. 因素模型

182. 投资者在进行投资时，通常需要同时考虑两个目标，即收益最大化和风险最小化，投资证券的预期收益率与风险之间的关系是(　　)。

A. 正向互动关系

B. 反向互动关系

C. 预期收益率越高，承担的风险越大

D. 预期收益率越低，承担的风险越大

E. 证券的风险—收益率特性会随着各种相关因素的变化而变化

183. 封闭式基金是指基金发起人在设立基金时，限定了基金发行的总额和存续期。封闭式基金的基金价格在基金净资产价值的基础上，还要考虑市场的供求变化。封闭式基金的价格可以分为(　　)。

A. 发行价格　　B. 申购价格

C. 交易价格　　D. 赎回价格

E. 成交价格

184. 在经典的资本资产定价模型中，关于风险测度的方法和指标有几种，下列关于β值和标准差的表述中，正确的有(　　)。

A. β值测度系统风险，而标准差测度非系统风险

B. β值测度系统风险，而标准差测度整体风险

C. β值测度财务风险，而标准差测度经营风险

D. β值测度非系统风险，而标准差测度系统风险

E. β值只反映市场风险，而标准差还反映特有风险

185. 当债券的发行价格高于票面金额时，称为溢价发行；当发行价格低于票面金额时，称为折价发行；当发行价格和票面金额相等时，称为平价发行。在复利计息、到期一次还本的条件下，债券票面利率与到期收益率不一致的情况有(　　)。

A. 债券平价发行，每年付息一次

B. 债券平价发行，每半年付息一次

C. 债券溢价发行，每年付息一次

D. 债券折价发行，每年付息一次

E. 债券折价发行，每半年付息一次

186. 固定增长的红利贴现模型在股市分析中被广泛地使用，所以我们应当探讨一下影响这个概念的各个因素。与固定成长股票内在价值呈反方向变化的因素有(　　)。

A. 股利年增长率　　B. 今年的股利

C. 最低报酬率　　D. β系数

E. 无风险收益率

187. 根据资本资产定价模型，每一证券的期望收益率应等于无风险利率加上该证券由β系数测定的风险溢价，下列有关证券组合风险的表述正确的是(　　)。

A. 证券组合的风险不仅与组合中每个证券的报酬率标准差有关，而且与各证券之间报酬率的协方差有关

B. 持有多种彼此不完全正相关的证券可以降低风险

C. 资本市场线反映了在资本市场上资产组合系统风险和报酬的权衡关系

D. 投资机会集曲线描述了不同投资比例组合的风险和报酬之间的权衡关系，有效边界就是机会维曲线上从最小方差组合点到最低预期报酬率的那段曲线

E. 持有多种彼此完全正相关的证券可以降低风险

188. 愿意承受较高风险的投资者显然希望获得一个更高的收益率，因此需要对证券投资的收益水平加以度量，证券投资的收益包括(　　)。

A. 资本利得　　B. 股利

C. 出售售价　　D. 债券利息

E. 买入的价格

189. 愿意承受较高风险的投资者显然希望获得一个更高的收益率，因此需要对证券投资的收益水平加以度量，下列哪些因素变动会直接影响债券到期收益率(　　)。

A. 债券面值　　B. 票面利率

C. 市场利率　　D. 债券购买价格

E. 股票收益率

190. 能够承受较高风险的投资者显然应该获得一个更高的收益率，因此需要对证券投资的收益水平加以度量，影响股票总收益率的因素包括(　　)。

A. 股利收益率　　B. 股利增长率

C. 留存收益率　　D. 股价增长率

E. 资本利得收益率

191. A公司今年的股利为每股0.4元，固定成长率6%，现行国库券收益率为7%，市场平均风险条件下股票的必要报酬率为9%，股票β系数等于1.8，则(　　)。

A. 股票价值为9.2174元　　B. 股票价值为4.4元

C. 股票必要报酬率为8%　　D. 股票必要报酬率为10.6%

E. 股票必要报酬率为12.8%

192. 到期收益率是对债券收益水平度量的有关指标之一，下列关于债券到

期收益率的表述中正确的有(　　)。

A. 它是指购进债券后，一直持有该债券至到期日可获取的收益率

B. 它不是指导选购债券的标准

C. 它可以反映债券投资按单利计算的真实收益率

D. 它是能使未来现金流入现值等于债券买入价格的贴现率

E. 债券到期收益率就是市场收益率

193. 风险和收益是投资者需要加以权衡的问题，通常情况下，风险规避的投资者会选择较为一般的收益率水平，下列对于投资组合风险和报酬表述正确的有(　　)。

A. 对于含有两种证券的组合，投资机会集曲线描述了不同投资比例组合的风险和报酬之间的权衡关系

B. 投资人绝不能将资金投资于有效资产组合曲线以下的投资组合

C. 资本市场线反映了在资本市场上资产组合特有风险和报酬的权衡关系

D. 在一个充分的投资组合下，一项资产期望收益率的高低取决于该资产的系统风险大小

E. 投资人可以将资金投资于有效资产组合曲线以下的投资组合

194. 在经典的资本资产定价模型中，有关风险度量的方法和指标有好几个，其中度量某种股票系统风险的指标是β系数，其大小取决于(　　)。

A. 该股票的收益率与市场组合之间的相关性

B. 该股票自身的标准差

C. 市场组合的标准差

D. 无风险资产收益率

E. 该股票的流动性

195. 期货（futures）是交易双方按约定价格在未来某一期间完成特定资产的交易行为。期货交易的最终目的并不是商品所有权的转移，而是通过买卖期货合约，回避现货价格风险。目前国内期货交易所有(　　)。

A. 深圳商品交易所　　B. 大连商品交易所

C. 郑州商品交易所　　D. 上海期货交易所

E. 广州商品交易所

196. 期货交易的产生不是偶然的，是在现货远期合约交易发展的基础上，基于广大商品生产者、贸易商和加工商的广泛商业实践而产生的。期货交易与现货交易在(　　)方面是不同的。

A. 交割时间　　B. 交易对象

C. 交易目的　　D. 结算方式

E. 市场环境

197. 证券市场和期货市场是金融市场的两个重要组成部分，下列关于两者之间关系的说法正确的有(　　)。

A. 证券市场的基本职能是资源配置和风险定价

B. 期货市场的基本功能是规避风险和发现价格

C. 证券交易的目的是规避市场价格风险或获取投机利润

D. 证券市场中，发行市场是一级市场，流通市场是二级市场；期货市场中，会员是一级市场，客户是二级市场

E. 期货交易的目的是规避市场价格风险或获取投机利润

198. 按照交易标的期货可以划分为实物期货和金融期货，后者是指以金融工具作为标的物的期货合约，主要包括外汇、利率和股票指数期货等。由股票衍生出来的金融衍生品有(　　)。

A. 股票期货　　B. 股票指数期货

C. 股票期权　　D. 股票指数期权

E. 股票指数

199. 期货合约的了结并不一定必须履行实际交货义务，买卖期货合约者在规定的交割日期前任何时候都可通过数量相同、方向相反的交易将持有的合约相互抵销，无需再履行实际交货的义务。期货市场可以为生产经营者(　　)价格风险提供良好途径。

A. 规避　　B. 转移

C. 分散　　D. 消除

E. 分割

200. 一般认为，期货交易最早产生于美国，1848 年美国芝加哥期货交易所的成立，标志着期货交易的开始。早期期货市场所具有的特点主要有(　　)。

A. 起源于远期合约市场　　B. 投机者少，市场流动性小

C. 实物交割占的比重较小　　D. 实物交割占的比重很大

E. 交易量很大

201. 期货合约的商品品种、数量、质量、等级、交货时间、交货地点等条款都是既定的，是标准化的，惟一的变量是价格。期货合约的标准通常由期货交易所设计，经国家监管机构审批上市，期货经纪公司在期货市场中的作用主要体现在(　　)。

A. 节约交易成本，提高交易效率

B. 为投资者期货合约的履行提供担保，从而降低了投资者交易风险

C. 提高投资者交易的决策效率和决策的准确性

D. 较为有效地控制投资者交易风险，实现期货交易风险在各环节的分散承担

E. 规避价格风险

202. 期货合约是在期货交易所组织下成交的，具有法律效力，而价格又是在交易所的交易厅里通过公开竞价方式产生的。下面(　　)衍生品种已经在某些交易所上市，实现了期货合约无基础现货市场交易。

A. 股票指数期货　　B. 商品指数期货

C. 天气指数　　D. 自然灾害指数

E. 以上皆不是

203. 期货合约的商品品种、数量、质量、等级、交货时间、交货地点等条款都是既定的，是标准化的，惟一的变量是价格。期货合约的市场研究应当从(　　)这几个方面着手。

A. 该品种的现货价格波动特征、仓储分布等现货市场研究

B. 该品种合约交易管理、结算交割和风险管理等期货市场研究

C. 该品种合约将来的期货市场发展规模等市场前景的分析

D. 该品种国际市场的期货交易状况

E. 以上皆是

204. 期货交易所为交易双方提供结算交割服务和履约担保，实行严格的结算交割制度，下列有关结算公式描述正确的有(　　)。

A. 当日盈亏 = 平仓盈亏 + 持仓盈亏

B. 持仓盈亏 = 历史持仓盈亏 + 当日开仓持仓盈亏

C. 历史持仓盈亏 = （当日结算价 - 开仓当日结算价）持仓量

D. 平仓盈亏 = 平历史仓盈亏 + 平当日仓盈亏

E. 以上皆是

205. 期货合约的履行由交易所担保，不允许私下交易。期货合约可通过交收现货或进行对冲交易来履行或解除合约义务期货经纪公司为客户开设账户的基本程序包括(　　)。

A. 风险揭示　　B. 签署合同

C. 缴纳保证金　　D. 下单交易

E. 买卖委托

206. 期货合约是在交易所交易的标准化合约。交易所指定特定商品合约的商品数量、交割的时间与地点等，因此，期货合约的任何一方都很容易在指定的交易日之前“关闭”（即终止）仓位。现代期货市场建立了一整套完整的风险保障体系，其中包括(　　)。

A. 涨跌停板制度　　B. 每日无负债结算制度

C. 强行平仓制度　　D. 大户报告制度

E. 以上皆不是

207. 在合约期内的任何一天，交易商可以决定是否清仓。敞口头寸表示的是在每个交易日结束时，仍然发行在外的期货合约的总数。随着交割日的临近，敞口头寸会逐渐减少。强行平仓制度规定当出现(　　)的情况时，交易所要实行强行平仓。

A. 会员结算准备金余额为最低风险标准

B. 交易所紧急措施中规定必须平仓

C. 交易所交易委员会认为该会员具有交易风险

D. 会员持仓已经超出持仓限额

E. 以上皆是

208. 期货市场的基本功能是规避风险和发现价格，在(　　)的情况下，买进套期保值者可能得到完全保护并有盈余。

A. 基差从 -20 元/吨变为 -30 元/吨

B. 基差从 20 元/吨变为 30 元/吨

C. 基差从 -40 元/吨变为 -30 元/吨

D. 基差从 40 元/吨变为 30 元/吨

E. 以上皆不是

209. 随着现代经济的发展，各种各样的因素都对期货价格的变化起到越来越大的作用，这就使投资市场变得更加复杂。铜期货市场出现反向市场的原因可能有(　)。

A. 智利大型铜矿工人罢工　　B. 铜现货库存大量增加

C. 某铜消费大国突然大量买入铜　　D. 替代品的出现

E. 以上皆是

210. 期货交易所为交易双方提供结算交割服务和履约担保，实行严格的结算交割制度，违约的风险很小，但也相应增加了成本，期货交易成本有(　　)。

A. 仓储费　　B. 佣金

C. 交易手续费　　D. 保证金利息

E. 以上皆是

211. 期货市场的基本功能是规避风险和发现价格，在期货市场中，套期保值能够实现的原理是(　　)。

A. 现货市场与期货市场的价格走势具有“趋同性”

B. 现货市场与期货市场的基差等于零

C. 现货市场与期货市场的价格走势不一致

D. 当期货合约临近交割时，现货价格与期货价格趋于一致

E. 以上皆是

212. 相对股市，期货的保证金制度能够利用杠杆作用，以小博大。将风险与利润同时放大，期货投机与赌博的主要区别表现在：(　　)。

A. 风险机制不同　　B. 参与人员不同

C. 运作机制不同　　D. 经济职能不同

E. 以上皆是

213. 相对股市，期货的保证金制度能够利用杠杆作用，以小博大。将风险与利润同时放大，期货投机的原则有(　　)。

A. 充分了解期货合约　　B. 确定最低获利目标

C. 确定最大亏损限度　　D. 确定投入的风险资本

E. 以上皆是

214. 决定是否买空或卖空期货合约的时候，交易者应该事先为自己确定(　　)，做好交易前的心理准备。

A. 最高获利目标　　B. 最低获利目标

C. 期望承受的最大亏损限度　　D. 期望承受的最小亏损限度

E. 以上皆不是

215. 期货是交易双方按约定价格在未来某一期间完成特定资产的交易行为。期货交易的最终目的并不是商品所有权的转移，而是通过买卖期货合约，回避现货价格风险。以下构成跨期套利的有(　　)。

A. 买入上海期货交易所5月铜期货，同时卖出伦敦金属交易所6月铜期货

B. 买入上海期货交易所5月铜期货，同时卖出上海期交所6月铜期货

C. 买入LME5月铜期货，一天后卖出伦敦金属交易所6月铜期货

D. 卖出LME5月铜期货，同时买入伦敦金属交易所6月铜期货

E. 以上皆是

216. 随着现代经济的发展，各种各样的因素都对期货价格的变化起到越来越大的作用，这就使投资市场变得更加复杂，以下能对期货市场价格产生影响的有(　　)。

A. 经济周期　　B. 天气情况

C. 利率水平　　D. 投资者对市场的信心

E. 以上皆是

217. 按照交易标的期货可以划分为实物期货和金融期货。前者是期货交易的起源品种，主要包括农产品期货、有色金属期货和能源期货等。后者是指以金

融工具作为标的物的期货合约，主要包括外汇、利率和股票指数期货等。与商品期货相比，金融期货的特点有(　　)。

A. 交割便利　　B. 全部采用现金交割方式交割

C. 期现套利更容易进行　　D. 容易发生逼仓行情

E. 以上皆是

218. 一项期权所包含的信息，不仅有类型（买入和卖出）与基础证券的名称，还有执行价格和到期日。下列策略中权利执行后转换为期货多头部位的是(　　)。

A. 买进看涨期权　　B. 买进看跌期权

C. 卖出看涨期权　　D. 卖出看跌期权

E. 以上皆是

219. 根据买方的权利性质，期权可分为买权和卖权。按执行时间划分，期权可以分为欧式期权和美式期权。与商品期权根据标的物属性不同，期权可以分为金融期权与商品期权，下列说法错误的有(　　)。

A. 看涨期权是指期货期权的卖方在支付了一定的权利金后，即拥有在合约有效期内，按事先约定的价格向期权买方买入一定数量的相关期货合约，但不负有必须买入的义务

B. 美式期权的买方既可以在合约到期日行使权利，也可以在到期日之前的任何一个交易日行使权利

C. 美式期权在合约到期日之前不能行使权利

D. 看跌期权是指期货期权的买方在支付了一定的权利金后，即拥有在合约有效期内，按事先约定的价格向期权卖方卖出一定数量的相关期货合约，但不负有必须卖出的义务

E. 以上皆是

220. 期权这种金融衍生工具的最大魅力，在于可以将风险锁定在一定范围之内。因此，期权是一种有助于规避风险的理想工具。对于期货期权交易，下列说法正确的有(　　)。

A. 买卖双方风险和收益结构不对称

B. 买卖双方都要交纳保证金

C. 都在有组织的交易场所内完成交易

D. 都采用标准化合约方式

E. 以上皆是

221. 期权是一种有助于规避风险的理想工具。当然，也是投机者理想的操作手段。以下为虚值期权的有(　　)。

A. 执行价格为300，市场价格为250的买入看跌期权

B. 执行价格为250，市场价格为300的买入看涨期权

C. 执行价格为250，市场价格为300的买入看跌期权

D. 执行价格为300，市场价格为250的买入看涨期权

E. 以上皆是

222. 相对于个人投资者而言，机构投资者对投资对象的影响会更大，机构投资者加强内部风险监控的措施有(　　)。

A. 建立由董事会、高层管理部门和风险管理部门组成的风险管理系统

B. 制定合理的风险管理过程

C. 建立相互制约的业务操作内部监控机制

D. 加强高层管理人员对内部风险监控的力度

E. 以上皆是

223. 投资者在追求收益的同时，永远都会考虑控制风险，理财规划师应该协助客户，对其投资对象可采取的风险防范措施有(　　)。

A. 对期货经纪公司财务进行监控

B. 慎重选择经纪公司

C. 规范自身行为，提高风险意识和心理承受力

D. 制定正确投资战略，将风险降低至可以承受的程度

E. 以上皆是

224. 相对股市，期货的保证金制度能够利用杠杆作用，以小博大，将风险与利润同时放大。按期货交易环节划分有(　　)。

A. 代理风险　　　　B. 交易风险

C. 交割风险　　　　D. 客户风险

E. 以上皆是

225. 期货交易中，交易者根据所交易合约市值的5%～15%交纳保证金，作为履行合约的信用担保。这种制度称作保证金制度。在现实中，期货市场还存在一种风险准备金，下面对风险准备金制度描述正确的有(　　)。

A. 交易所从会员保证金中按比例提取

B. 风险准备金是由交易所设立的

C. 风险准备金是用来提供财务担保和弥补因交易所不可预见的风险带来的亏损的资金

D. 风险准备金的动用必须经过中国证监会批准

E. 以上皆是

三、判断题

226. 利用马柯威茨的假设可以明确下述两种组合 A 和 B 之间的优劣：$E(r_A) < E(r_B)$ 且 $\sigma_A < \sigma_B$。 ( )

227. 备兑权证是由权证标的资产发行人以外的第三人发行的。 ( )

228. 对证券进行分散化投资的目的是在不牺牲预期收益的前提下尽可能降低证券组合的风险。 ( )

229. 证券组合理论的一个前提是假设投资者根据证券的预期收益率和标准差来选择证券组合。 ( )

230. 在市场上任意选择一定数量的证券拼凑成一个证券组合就可以到达分散风险的目的。 ( )

231. 分散投资只能消除证券组合的系统风险，而不能消除非系统风险。 ( )

232. 证券组合的预期收益率会随组合中证券个数的增加而降低。 ( )

233. 资本资产定价的一个假设是存在一种无风险资产，投资者可以无限的以无风险利率对该资产进行借入和贷出。 ( )

234. 引入无风险借贷后，所有投资者的最优组合中，对风险资产的选择是相同的。 ( )

235. 某种股票为固定成长股票，年增长率为 5%，预期一年后的股利为 6 元，现行国库券的收益率为 11%，平均风险股票的必要收益率等于 16%，而该股票的 β 系数为 1.2，那么，该股票的价值为 50 元。 ( )

236. 每一个可行的证券组合都在资本市场线上。 ( )

237. 在实际操作中，由于不能确切知道市场证券组合的构成，我们往往可以用某一市场指数来代替市场证券组合。 ( )

238. β 值为零的股票的预期收益率为零。 ( )

239. 资本资产定价模型表明如果要投资者持有高风险的证券，相应地也要求更高的回报率。 ( )

240. 通过将 0.75 的投资预算投入到国债，其余投入到市场资产组合，可以构建 β 值为 0.75 的资产组合。 ( )

241. 证券投资基本分析的理论基础主要来自于两个假设：“股票的价值决定价格”和“股票的价格围绕价值波动”。 ( )

242. 投资者的偏好无差异曲线随风险水平的增加越来越陡。 ( )

243. 如果大家都愿意冒险，证券市场线斜率就大，风险溢价就大；如果大

家都不愿意冒险，证券市场线斜率就小，风险溢价就较小。（ ）

244. 风险和收益是对等的，高风险的投资项目必然会获得高收益。（ ）

245. 远期交易收取多少保证金由交易双方商定，甚至双方可以商定不收保证金。（ ）

246. 根据交易者在市场中所建立的交易部位不同，跨期套利可以分为牛市套利、熊市套利和蝶式套利三种。（ ）

247. 套利交易通过对冲，调节期货市场的供求变化，从而有助于合理价格水平的形成。（ ）

248. 当一种期权处于极度虚值时，投资者不会愿意为买入这种期权而支付任何权利金。（ ）

249. 买入看跌期权的对手就是卖出看涨期权。（ ）

250. 利用期货市场进行套期保值，能使生产经营者消除现货市场价格风险，达到锁定生产成本，实现预期利润的目的。（ ）

第三章 税收筹划

一、单项选择题

1. 理财规划师在计算个人所得税应纳税额的工资、薪金所得时，采用的应纳税款的计算公式为：应纳税额 = ［（　　）- 费用扣除标准］×适用税率 - 速算扣除数。

A. 不含税收入额　　B. 含税收入额

C. 部分含税收入额　　D. 个人所有所得

2. 在计算劳务报酬所得、特许权使用费所得和财产租赁所得时，每次收入4 000元以下的，应纳税额 = 应纳税所得额×适用税率 = （每次收入额 - 800）×（　　）。

A. 50%　　B. 30%

C. 20%　　D. 10%

3. 在计算个人所得税应纳税额的稿酬所得时，每次收入4 000元以上的，应纳税额 = 应纳税所得额×适用税率×（　　）。

A. 1 - 35%　　B. 1 - 30%

C. 1 - 25%　　D. 1 - 40%

4. 在计算个人所得税应纳税额的财产转让所得时，应纳税款 = 应纳税所得额×适用税率 = ［收入总额 - 财产原值 -（　　）］×20%。

A. 全部费用　　B. 部分费用

C. 一半费用　　D. 合理费用

5. 在计算个人所得税应纳税额的利息、股息、红利所得、偶然所得和其他所得时，应纳税款 = 应纳税所得额×适用税率 =（　　）×20%。

A. 每次收入额　　B. 每月收入额

C. 每年收入额　　D. 每半年收入额

6. 纳税人销售旧货（包括旧货经营单位销售旧货和纳税人销售自己使用的

应税固定资产），无论其是增值税一般纳税人或小规模纳税人，也无论其是否为批准认定的旧货调剂试点单位，一律按（ ）的征收率减半征收增值税，不得抵扣进项税额。

A. 5% B. 8%

C. 4% D. 6%

7. 纳税人销售自己使用过的属于应征消费税的机动车、摩托车、游艇，售价超过原值的，按照4%的征收率（ ）增值税。

A. 全额征收 B. 减半征收

C. 部分征收 D. 定额征收

8. 在营业税的计税方法中，交通运输业和建筑业适用的税率为3%，金融保险业适用的税率为（ ）。

A. 5% B. 3%

C. 10% D. 20%

9. 在营业税的计税方法中，娱乐业适用的税率为（ ）。

A. 15% B. 10%

C. 20% D. 12%

10. 在房产税的计税方法中，从价计征的计算：从价计征是按房产的原值减除一定比例后的余值计征，其公式为：

应纳税额 = 应税房产原值 ×（1 - 扣除比例）× 年税率（ ）

A. 3% B. 5%

C. 12% D. 1.2%

11. 契税的计税依据为不动产的价格。由于土地、房屋权属转移方式不同，定价方法不同，因而具体计税依据视不同情况而决定。契税采用幅度比例税率（ ），具体执行税率由各省（市、自治区）政府在上述幅度内确定。

A. 4% ~ 5% B. 3% ~ 5%

C. 2% ~ 5% D. 2% ~ 3%

12. 在印花税的应税凭证中，不属于产权转移书据的是（ ）。

A. 在政府管理机关登记注册的动产所有权转移所立的书据

B. 在政府管理机关登记注册的不动产所有权转移所立的书据

C. 企业股权转让所立的书据

D. 土地使用证

13. 在印花税的13个税目中，“权利、许可证照”和“（ ）”税目中的其他账簿，适用定额税率，均为按件贴花，税额为5元。

A. 合同或具有合同性质的凭证 B. 产权转移书据

C. 营业账簿　　　　D. 权利许可证照

14. 客货两用汽车应纳税额分两步计算：乘人部分 = 辆数 × 适用乘人汽车税额 ×（　　）；载货部分 = 净吨位 × 适用税率。

A. 50%　　　　B. 40%

C. 30%　　　　D. 20%

15. 准确分析纳税人的税负状况，要比较分析纳税人的名义税率、实际税率、边际税率和（　　）。

A. 定额税率　　　　B. 平均税率

C. 比例税率　　　　D. 累进税率

16. 名义税率即为税率表所列的税率，是纳税人实际纳税时适用的税率。名义税率有比例税率、定额税率、累进税率三种形式。实际税率是纳税人真实负担的有效税率，在没有税负转嫁的情况下，它等于税收负担率。有些税种由于实行免税额、税前扣除和超额累进征收制度，纳税人负担的税款低于按税率表上所列税率计算的税款，形成名义税率与实际税率的偏差，实际税率通常（　　）名义税率。

A. 高于　　　　B. 低于

C. 等于　　　　D. 近似

17. 某人某月取得工资收入 7 000 元，扣除 1 600 元的免征额，其应纳税所得额为 5 400 元，应纳税额为 705 元；该笔工资收入的平均税率约为（　　）。

A. 10%　　　　B. 12%

C. 15%　　　　D. 13.1%

18. 实际税率又称有效税率，也是衡量纳税人税收负担的一个重要指标。由于存在着费用扣除或免征额等规定，纳税人的计税依据往往小于课税对象的金额，所以实际税率（有效税率）也往往（　　）平均税率。

A. 低于　　　　B. 高于

C. 等于　　　　D. 近似

19. 边际税率指在征税对象的一定数量水平上，征税对象的增加导致的所纳税额的增量与征税对象的增量之间的比例。由于累进税率大体上符合边际税率的设计原则，因而在经济分析中往往就是指累进税率。在比例税率条件下，边际税率等于平均税率；在累进税率条件下，边际税率往往要（　　）平均税率。

A. 小于　　　　B. 大于

C. 等于　　　　D. 近似

20.《税收征管法》规定：纳税人未按照规定期限缴纳税款的，扣缴义务人未按照规定期限解缴税款的，税务机关除责令限期缴纳外，从滞纳税款之日起，按日加收滞纳税款（　　）的滞纳金。

A. 万分之三　　B. 万分之二

C. 万分之五　　D. 万分之一

21. 纳税人未按照规定的期限办理纳税申报和报送纳税资料的，或者扣缴义务人未按照规定的期限向税务机关报送代扣代缴、代收代缴税款报告表和有关资料的，由税务机关责令限期改正，可以处(　　)元以下的罚款。

A. 2 000　　B. 3 000

C. 4 000　　D. 5 000

22. 税收筹划又称节税，是纳税人在法律允许的范围内，通过对（　　）、投资、理财等经济活动的事先筹划和安排，充分利用税法提供的优惠和差别待遇，以减轻税负，达到整体税后收益最大化。

A. 生产　　B. 经营

C. 保险　　D. 家庭生活

23. 绝对节税是指税收筹划直接使纳税人缴纳税款的绝对额减少。绝对节税原理是：在各种可供选择的纳税方案中，选择缴纳税款（　　）的方案。绝对节税可以是直接减少某一个纳税人的缴纳税款的总额，也可以是直接减少某一个纳税人在一定时期缴纳税款的总额，比如，5年的纳税总额。

A. 较少　　B. 较多

C. 最少　　D. 最多

24. 相对节税是指一定时期纳税人的纳税总额并没有减少，但一段时间内各个纳税期的纳税数额发生变化，主要是纳税时间推迟，或前期纳税少、后期纳税多，相对增加了税后收益，相对于收益而言纳税总额（　　）减少。

A. 相对　　B. 绝对

C. 不会　　D. 一定

25. 绝对节税和相对节税，都是纳税人基于没有任何风险前提下的少纳税或不纳税，即税收筹划中没有风险或不用考虑风险。实际上无论绝对节税还是相对节税，往往都存在一定的风险。税收筹划是一种经济行为，在错综复杂而又不断发展变化的经济和社会现实环境中，所有的经济行为都有风险，只不过风险程度不同而已。很多情况下节税与风险成正比，节税越多，风险(　　)。

A. 越小　　B. 越大

C. 相同　　D. 不变

26. 税收筹划除了要考虑货币的时间价值外，大多数情况下还要考虑税收筹划的（　　）。

A. 投资价值　　B. 风险价值

C. 生产经营价值　　　　D. 市场价值

27. 由于不确定性节税方案与实际结果的偏离程度往往要大于确定性节税，因此，为了保证节税的切实可行，必须考虑节税结果对期望值的偏离程度，即风险程度。一般用标准离差来反映不确定性节税的风险程度：标准离差越大，风险程度也（　　）。

A. 越大　　　　B. 越小

C. 一样　　　　D. 近似

28. 在现实经济活动中，税收筹划的最终目标是节税最大化或税后收益最大化，而纳税人税负的轻重或税收收益的多少又是受多种因素共同影响的。因此，在税收筹划中往往需要同时运用多种税收筹划技术和方法，也就是运用（　　）。

A. 绝对节税原理　　　　B. 相对节税原理

C. 风险节税原理　　　　D. 组合节税原理

29. 税收筹划是对未来经济活动的纳税方案做出选择，由于经济活动及某些情况下税收政策的变动，会使税收筹划设计的纳税方案在给纳税人带来一定收益的同时也存在一定的风险。每一筹划技术和方法带来的收益的加权平均数是税收筹划的整体收益，但税收筹划的风险不是每一技术和方法带来的风险的加权平均数。因此，税收筹划中各种技术和方法的组合运用不会降低税收筹划的（　　），但是能够有效降低税收筹划的风险。

A. 利润　　　　B. 价值

C. 收入　　　　D. 收益

30. 个人独资企业的投资者以(　　)生产经营所得为应纳税所得额。

A. 一部分　　　　B. 全部

C. 大部分　　　　D. 少部分

(一) 根据以下案例，回答 31～35 题：

A 公司是一家生产性企业，年不含税销售额一直保持在 80 万元左右。该公司年不含税外购货物额为 60 万元左右。

31. A 公司如果作为增值税小规模纳税人，适用的征收率为(　　)。

A. 6%　　　　B. 7%

C. 8%　　　　D. 9%

32. A 公司如果作为增值税一般纳税人，适用的税率为(　　)。

A. 33%　　　　B. 17%

C. 5%　　　　D. 15%

33. A 公司如果作为增值税小规模纳税人，缴纳的增值税为(　　)万元。

A. 4.8　　　　B. 4.9

C. 5.8　　D. 6.8

34. A 公司如果作为增值税一般纳税人，缴纳的增值税为(　　)万元。

A. 3.4　　B. 3.5

C. 3.6　　D. 3.7

35. 作为税收筹划的方法，A 公司应当采取的方法是(　　)。

A. 向税务局提出减税申请

B. 按照税法的要求建立健全财务和会计核算制度，申请成为增值税一般纳税人

C. 申请成为小规模纳税人

D. 申请税收优惠

(二) 根据以下案例，回答 36 ~ 40 题：

张先生就职于某企业，其企业生产的产品具有特殊性，销售收入的取得不均衡，因此，职工工资的发放也随着销售情况而有规律地变化，通常是前半年工资低，后半年工资高。张先生全年的工资收入为 48 000 元，前 6 个月每月工资为 2 000元，后 6 个月每月工资为 6 000 元。

36. 张先生全年应缴纳的个人所得税为(　　)元。

A. 3 330　　B. 3 340

C. 3 350　　D. 3 360

37. 如果企业根据历年工资发放情况，将全年工资按月平均发放，则张先生每月工资为 (　　)元。

A. 3 330　　B. 4 000

C. 3 350　　D. 3 360

38. 如果企业根据历年工资发放情况，将全年工资按月平均发放，则张先生每月工资适用的税率为(　　)。

A. 15%　　B. 20%

C. 5%　　D. 25%

39. 如果企业根据历年工资发放情况，将全年工资按月平均发放，则张先生每月工资适用的速算扣除数为(　　)。

A. 25　　B. 75

C. 125　　D. 375

40. 如果企业根据历年工资发放情况，将全年工资按月平均发放，则张先生 1 年内缴纳的个人所得税为 (　　)元。

A. 3 820　　B. 1 820

C. 2 825　　D. 2 820

（三）根据以下案例，回答 41～50 题：

2006 年 1 月份从单位获得工资类收入 600 元，由于单位工资较低，张先生同月在 A 公司做了一份兼职工作，收入为每月 2 200 元。

41. 若张先生与 A 企业没有固定的雇佣关系，则按照现行税法规定，工资、薪金所得与劳务报酬所得分开计算征收。工资类收入需要缴纳的所得税为(　　)元。

A. 0　　B. 30

C. 40　　D. 50

42. 劳务报酬适用的扣除额为(　　)元。

A. 600　　B. 800

C. 1 600　　D. 400

43. 张先生劳务报酬的应纳税所得额为(　　)元。

A. 600　　B. 800

C. 3 200　　D. 1 400

44. 劳务报酬适用的税率为(　　)。

A. 20%　　B. 20% × 70%

C. 40%　　D. 10%

45. 张先生劳务报酬的应纳税额为(　　)元。

A. 280　　B. 290

C. 380　　D. 180

46. 如果张先生与 A 公司有固定的雇佣关系，则由 A 公司支付的 2 200 元作为工资薪金收入应与张先生单位支付的工资合并缴纳个人所得税，则新的应纳税所得额为(　　)元。

A. 1 200　　B. 1 100

C. 1 000　　D. 900

47. 如果张先生与 A 公司有固定的雇佣关系，则由 A 公司支付的 2 200 元作为工资薪金收入应与张先生单位支付的工资合并缴纳个人所得税，则新的应纳税所得额适用的税率为(　　)。

A. 5%　　B. 10%

C. 15%　　D. 20%

48. 如果张先生与 A 公司有固定的雇佣关系，则由 A 公司支付的 2 200 元作为工资薪金收入应与张先生单位支付的工资合并缴纳个人所得税，则新的应纳税所得额适用的速算扣除数为(　　)元。

A. 25　　B. 35

C. 75　　D. 125

49. 如果张先生与A公司有固定的雇佣关系，则由A公司支付的2 200元作为工资薪金收入应与张先生单位支付的工资合并缴纳个人所得税，则应缴纳的个人所得税为(　　)元。

A. 95　　B. 35

C. 75　　D. 125

50. 如果张先生与A公司建立固定的雇佣关系，则比没有建立固定的雇佣关系每月少缴纳税收(　　)元。

A. 95　　B. 35

C. 185　　D. 125

(四) 根据以下案例，回答51～54题：

王先生夫妻共同经营一家水暖器材公司。王先生的妻子主要负责水暖器材销售的经营管理，王先生主要承接一些安装维修工程。预计年销售水暖器材的应纳税所得额为4万元，安装工程的应纳税所得额为2万元。

51. 王先生夫妇应缴纳的个人所得税适用的税率为(　　)。

A. 15%　　B. 25%

C. 35%　　D. 45%

52. 王先生夫妇应缴纳的个人所得税适用的速算扣除数为(　　)元。

A. 1 250　　B. 6 750

C. 2 350　　D. 3 450

53. 王先生夫妇全年应缴纳的个人所得税为(　　)元。

A. 1 250　　B. 6 750

C. 11 250　　D. 14 250

54. 王先生夫妇的收入适用于个人所得税的(　　)税目。

A. 工资、薪金所得　　B. 个体工商户的生产经营所得

C. 劳务报酬所得　　D. 承包经营所得

(五) 根据以下案例，回答55～61题：

经过税收筹划，王先生和妻子分别注册成立一家个人独资企业。王先生的企业专门承接安装维修工程，王先生妻子的企业专门经营水暖器材销售。这样，整体税负发生了变化。假设年销售水暖器材的应纳税所得额为4万元，安装工程的应纳税所得额为2万元。

55. 安装维修工程适用的税率为(　　)。

A. 20%　　B. 30%

C. 40%　　D. 50%

56. 安装维修工程适用的速算扣除数为(　　)元。

A. 1 250　　B. 2 250

C. 2 350　　D. 1 550

57. 安装维修工程的应纳税额为(　　)元。

A. 1 250　　B. 2 250

C. 2 350　　D. 2 750

58. 水暖器材销售适用的税率为(　　)。

A. 15%　　B. 10%

C. 20%　　D. 30%

59. 水暖器材销售适用的速算扣除数为(　　)元。

A. 1 250　　B. 2 250

C. 4 250　　D. 1 550

60. 水暖器材销售的应纳税额为(　　)元。

A. 1 250　　B. 2 250

C. 2 350　　D. 7 750

61. 经过税收筹划，王先生夫妇少缴纳的所得税为(　　)元。

A. 1 250　　B. 2 250

C. 3 750　　D. 7 750

(六) 根据以下案例，回答 62～69 题：

2005 年 3 月，某企业欲给该厂职工发放 2004 年度全年一次性奖金，经过对职工一年的业绩考核和奖励测算，其中 100 名职工获得年终奖一等奖金，发放金额为每人 6 012 元。企业代扣代缴个人所得税。

62. 每个职工就其取得的奖金所适用的税率为(　　)。

A. 15%　　B. 10%

C. 20%　　D. 30%

63. 每个职工就其取得的奖金所适用的速算扣除数为(　　)元。

A. 15　　B. 10

C. 25　　D. 30

64. 每个职工就其取得的奖金所缴纳的税收数额为(　　)元。

A. 676.2　　B. 576.2

C. 476.2　　D. 376.2

65. 如果将该企业一等奖金发放额度改为 6 000 元，每人少发放奖金 12 元，则适用的税率为(　　)。

A. 15%　　B. 10%

C. 20%　　D. 5%

66. 接上题，适用的速算扣除数为(　　)元。

A. 0　　B. 10

C. 25　　D. 30

67. 接上题，每个人应缴纳的个人所得税为(　　)元。

A. 100　　B. 400

C. 300　　D. 500

68. 由于每人少发放奖金 12 元，每人少交的个人所得税额为(　　)元。

A. 100　　B. 276.2

C. 376.2　　D. 500

69. 由于每人少发放奖金 12 元，全厂少缴纳个人所得税为(　　)元。

A. 17 620　　B. 37 620

C. 27 620　　D. 47 620

(七) 根据以下案例，回答 70～82 题：

某企业生产经营效益较好，员工每月工资为 5 600 元，企业在发放工资时代扣代缴员工的个人所得税。

70. 每个员工应纳个人所得税适用的税率为(　　)。

A. 15%　　B. 10%

C. 20%　　D. 5%

71. 每个员工应纳个人所得税适用的速算扣除数为(　　)元。

A. 0　　B. 10

C. 125　　D. 30

72. 接上题，每个人应缴纳的个人所得税为(　　)元。

A. 100　　B. 475

C. 300　　D. 500

73. 接上题，每个员工全年应纳个人所得税为(　　)元。

A. 4 700　　B. 5 800

C. 5 700　　D. 3 700

74. 现在对企业员工工资的发放办法进行相应的调整，将员工每月发放的工资由 5 600 元改为 3 600 元，其余 2 000 元作为一次性年终奖发放，每个员工年终发放奖金 24 000 元。在每月发放工资时，员工工资适用的税率为(　　)。

A. 15%　　B. 10%

C. 20%　　D. 5%

75. 接上题，在每月发放工资时，每个员工应纳的个人所得税适用的速算扣除数为(　　)元。

A. 0　　B. 25

C. 125　　D. 30

76. 接上题，在每月发放工资时，每个人应缴纳的个人所得税为(　　)元。

A. 100　　B. 175

C. 300　　D. 500

77. 接上题，除奖金的个人所得税外，每个人每年应缴纳的个人所得税为(　　)元。

A. 1 100　　B. 2 100

C. 3 100　　D. 5 000

78. 接上题，年终发放奖金适用的所得税率为(　　)。

A. 15%　　B. 10%

C. 20%　　D. 5%

79. 接上题，年终发放奖金适用的速算扣除数为(　　)元。

A. 0　　B. 25

C. 125　　D. 30

80. 接上题，年终发放奖金应缴纳的个人所得税为(　　)元。

A. 2 375　　B. 2 275

C. 1 275　　D. 1 285

81. 将员工每月发放的工资由5 600元改为3 500元，其余2 000元作为一次性年终奖发放，每个员工年终发放奖金24 000元。职工全年缴纳的所得税为(　　)元。

A. 2 375　　B. 4 475

C. 1 275　　D. 1 285

82. 方法调整后，全年比原来少缴纳的个人所得税为(　　)元。

A. 2 375　　B. 4 475

C. 1 275　　D. 1 225

(八) 根据以下案例，回答83～87题：

有两家企业均需要建房扩大经营规模，甲企业拥有地理位置优越的土地，但缺乏资金；乙企业资金充裕，但苦于没有位置合适的土地，甲乙企业均难以扩大经营规模。后经过协商，两家企业决定合作建房，甲企业提供土地使用权，乙企业提供资金。甲、乙双方约定均分建成后的房屋。经有关部门评估，该建成后的房屋价值1 000万元，于是甲、乙两企业各分得500万元价值的房屋所有权。

83. 甲企业需要按照转让无形资产缴纳营业税，适用的税率为(　　)。

A. 15%　　B. 10%

C. 20%　　D. 5%

84. 甲企业需要按照转让无形资产缴纳营业税，缴纳的税额为(　　)元。

A. 25 万　　B. 35 万

C. 15 万　　D. 45 万

85. 乙企业需要按照转让无形资产缴纳营业税，适用的税率为(　　)。

A. 15%　　B. 10%

C. 20%　　D. 5%

86. 乙企业需要按照转让无形资产缴纳营业税，缴纳的税额为(　　)元。

A. 25 万　　B. 35 万

C. 15 万　　D. 45 万

87. 若甲、乙两家企业改变合作方式，双方采取分别以土地使用权和资金投资入股的方式合作建房，则(　　)。

A. 少缴纳营业税　　B. 多缴纳营业税

C. 不缴纳营业税　　D. 一样缴纳营业税

（九）根据以下案例，回答 88～93 题：

某商贸公司因业务关系欠某个人独资企业 200 万元债务，经过双方协商决定，商贸公司以其一长期不用的库房作价 200 万元抵顶债务。随即该独资企业以 200 万的价格将库房转让给某化学工业公司。

88. 根据现行营业税条例规定，商贸公司和个人独资企业(　　)。

A. 都要缴纳营业税　　B. 都不要缴纳营业税

C. 商贸公司要缴纳营业税　　D. 个人独资企业要缴纳营业税

89. 商贸公司需要按照转让不动产缴纳营业税，适用的税率为(　　)。

A. 15%　　B. 10%

C. 20%　　D. 5%

90. 商贸公司需要按照转让不动产缴纳营业税，缴纳的税收为(　　)万元。

A. 15　　B. 10

C. 20　　D. 5

91. 个人独资企业需要按照转让不动产缴纳营业税，适用的税率为(　　)。

A. 15%　　B. 10%

C. 20%　　D. 5%

92. 个人独资企业需要按照转让不动产缴纳营业税，缴纳的税收为(　　)万元。

A. 15　　B. 10

C. 20　　　　D. 5

93. 若该独资企业先与化学工业公司协商售房事宜，并使商贸公司直接与化学工业公司签订房屋买卖合同，化学工业公司支付200万元给商贸公司，商贸公司再以之偿还个人独资企业的欠款。这样，个人独资企业就少缴了营业税(　　)万元。

A. 15　　　　B. 10

C. 20　　　　D. 5

(十) 根据以下案例，回答94～100题：

某工程承包公司承接了某建设单位的一个工程项目，工程总造价210万元。工程承包公司将该工程转包给了某施工单位，并在转包合同中约定支付给施工单位工程款200万元。

94. 若工程承包公司没有与建设单位签定建筑安装工程承包合同，那么就按照(　　)税目计算缴纳营业税。

A. 服务业　　　　B. 建筑业

C. 娱乐业　　　　D. 金融保险业

95. 接上题，适用的税率为(　　)。

A. 15%　　　　B. 10%

C. 3%　　　　D. 5%

96. 应纳营业税为(　　)元。

A. 1 500　　　　B. 1 000

C. 5 000　　　　D. 3 000

97. 若工程承包公司与建设单位签定建筑安装工程承包合同，那么就按照(　　)税目计算缴纳营业税。

A. 服务业　　　　B. 建筑业

C. 娱乐业　　　　D. 金融保险业

98. 接上题，适用的税率为(　　)。

A. 15%　　　　B. 10%

C. 3%　　　　D. 5%

99. 应纳营业税为(　　)元。

A. 1 500　　　　B. 1 000

C. 5 000　　　　D. 3 000

100. 由于工程承包公司与建设单位签定了建筑安装工程承包合同，工程承包公司少缴纳税收(　　)元。

A. 1 500　　　　B. 1 000

C. 5 000　　D. 2 000

101. 2006年，消费税制进行了改革，新增加了一些税目。其中，高尔夫球及球具的税率为(　　)。

A. 15%　　B. 10%

C. 3%　　D. 5%

102. 接上题，高档手表的消费税率为(　　)。

A. 20%　　B. 10%

C. 3%　　D. 5%

103. 接上题，木制一次性筷子的消费税率为(　　)。

A. 20%　　B. 10%

C. 3%　　D. 5%

104. 接上题，实木地板的消费税率为(　　)。

A. 20%　　B. 10%

C. 3%　　D. 5%

105. 关于印花税，下列说法不正确的是(　　)。

A. 印花税的税率有两种形式，即比例税率和定额税率

B. 印花税的比例税率分为5个档次，分别是0.05‰、0.3‰、0.5‰、1‰、2‰

C. “权利、许可证照”和“营业账簿”税目中的其他账簿，适用定额税率，均为按件贴花，税额为5元

D. 以上说法均不对

106. 全额累进税率是指按照计税依据的(　　)数额累进征税的累进税率。即将计税依据（如所得税的应纳税所得额）分为若干个不同的征税级距，相应规定若干个由低到高的不同的适用税率，当计税依据数额由一个征税级距上升到另一个较高的征税级距时，全部计税依据都要按照上升以后的征税级距的适用税率计算征税。

A. 全部　　B. 不同部分

C. 每个部分　　D. 相同部分

107.2005年10月27日新修订的《个人所得税法》规定，纳税人每月工资、薪金所得的免征额为1 600元；另外，在中国境内无住所而在中国境内取得工资、薪金所得的纳税人以及在中国境内有住所而在中国境外取得工资、薪金所得的纳税人，还可以享受每月(　　)元的附加免征额。

A. 1 600　　B. 2 000

C. 3 200　　D. 4 000

108. 对于费用扣除，各国的做法不尽相同：有的国家规定纳税人要按费用类别据实扣除；有的国家则规定有标准扣除额，纳税人的费用扣除不需要实报实销，统一按该标准进行扣除；还有的国家允许纳税人在上述两种办法之间自由选择。我国采用的是(　　)。

A. 按标准进行扣除的办法

B. 按费用类别据实扣除

C. 允许纳税人在两种办法之间自由选择

D. 采用其他的方法扣除

109. 居民纳税人是指在中国境内有住所，或者无住所而在中国境内居住满1年的个人，负有(　　)，应就其来源于中国境内和境外的全部所得缴纳个人所得税。

A. 有限纳税义务　　B. 无限纳税义务

C. 全部纳税义务　　D. 部分纳税义务

110. (　　)后，纳税人就其实际取得的工资、薪金所得，按照每月1 600元的减除费用标准，计算缴纳个人所得税。

A. 2006年1月1日　　B. 2005年12月31日

C. 2005年1月1日　　D. 2007年1月1日

111. 个人独资企业的投资者以(　　)生产经营所得为应纳税所得额。

A. 一部分　　B. 全部

C. 大部分　　D. 少部分

112. 财产转让所得以转让财产的收入额减除财产原值和(　　)后的余额为应纳税所得额。

A. 全部费用　　B. 部分费用

C. 合理费用　　D. 其他费用

113. 在计算劳务报酬所得时，如果属于同一事项连续取得收入的，以(　　)内取得的收入为一次。

A. 1个月　　B. 2个月

C. 3个月　　D. 每个月

114. 稿酬所得，以每次出版、发表取得的收入为一次。同一作品再版取得的所得，应视为(　　)稿酬所得计征个人所得税。

A. 同次　　B. 另一次

C. 一个月内　　D. 其他

115. 同一作品再出版和发表时，以预付的稿酬或分次支付稿酬等形式取得的稿酬收入，应(　　)计算为一次。

A. 分别　　B. 单独

C. 分阶段　　D. 合并

116. 在计算特许权使用费时，如果该次转让取得的收入是分笔支付的，则应将各笔收入相加为(　　)的收入，计征个人所得税。

A. 一次　　B. 两次

C. 多次　　D. 其他

117. 个人将其所得通过中国境内的社会团体、国家机关向教育和其他社会公益事业以及遭受严重自然灾害的地区、贫困地区捐赠，捐赠额未超过纳税义务人申报的应纳税所得额的(　　)的部分可以从其应纳税所得额中扣除。

A. 50%　　B. 60%

C. 30%　　D. 40%

118. 个人取得的应纳税所得，包括现金、实物和有价证券。所得为有价证券的，由主管税务机关根据票面价格和(　　)核定应纳税所得额。

A. 估计价格　　B. 约定价格

C. 合同价格　　D. 市场价格

119. 某高校李老师某月获得稿费 2 万元，则其就这笔稿费需要缴纳的个人所得税的数额为(　　)元。

A. 2 240　　B. 4 200

C. 5 200　　D. 3 220

120. 某公司有一职员王先生于 2006 年 3 月领取工资 5 000 元，则他当月应缴纳的个人所得税为(　　)元。

A. 315　　B. 385

C. 400　　D. 415

二、多项选择题

121. 我国现行个人所得税法除了允许三个特定行业和实行年薪制的企业经营者采取“按年计税、分月预缴”的征税办法的是(　　)。

A. 采掘业　　B. 远洋运输业

C. 远洋捕捞业　　D. 钢铁业

E. 服务业

122. 我国是根据(　　)和(　　)来判定居民纳税人和非居民纳税人身份的。

A. 住所标准　　B. 居住时间

C. 居住地　　D. 性别

E. 个人意愿

123. 下列凭证为印花税应纳税凭证的有(　　)。

A. 经济合同以及具有合同性质的凭证

B. 产权转移书据

C. 营业账簿

D. 权利、许可证照

E. 经财政部确定征税的其他凭证

124. 不是车船使用税纳税人的有(　　)。

A. 外商投资企业

B. 外国企业

C. 华侨和港澳台同胞投资兴办的企业

D. 外籍人员

E. 港澳台同胞

125. 下列车船免征车船使用税的是(　　)。

A. 国家机关、人民团体、军队自用的车船

B. 由国家财政部门拨付事业经费的单位自用的车船

C. 载重量不超过1吨的渔船

D. 专供上下客货及存货用的浮桥用船

E. 各种消防车船、洒水车、囚车、警车、防疫车、救护车船、垃圾车船、港作车船、工程船

126. 我国加入世界贸易组织以后，为履行我国在加入世界贸易组织关税减让谈判中承诺的有关义务并享有应有的成员权利，从2002年1月起，我国进口税则设有(　　)等四栏税率。

A. 最惠国税率　　B. 协定税率

C. 特惠税率　　D. 普通税率

E. 其他

127. 个人在进行住房投资计算土地增值税时，应包括(　　)等扣除项目金额。

A. 房屋及建筑物的评估价格

B. 取得土地使用权所支付的地价款

C. 按国家统一规定缴纳的有关费用

D. 在转让环节缴纳的税金

E. 其他

128. 税率是对征税对象的征收比例或征收额度，分为(　　)三种。

A. 比例税率　　B. 定额税率

C. 累进税率　　D. 超额税率

E. 不定额税率

129. 个人所得税的征税范围主要包括(　　)。

A. 在中国境内的公司企业、事业单位、机关、社会团体、部队、学校等单位或经济组织中任职、受雇而取得的工资薪金所得

B. 在中国境内提供各种劳务而取得的劳务报酬所得

C. 在中国境内从事生产、经营活动而取得的所得

D. 个人出租的财产，被承租人在中国境内使用而取得的财产租赁所得

E. 转让中国境内的房屋、建筑物、土地使用权，以及在中国境内转让其他财产而取得的财产转让所得

130. 在计算个人所得税的计税依据和税率的规定时，稿酬所得以每次出版、发表取得的收入为一次，具体情况如下(　　)。

A. 同一作品再版取得的所得，应视作另一次稿酬所得计征个人所得税

B. 同一作品先在报刊上连载，然后再出版，或先出版，再在报刊上连载的，应视为两次稿酬所得征税。即连载作为一次，出版作为另一次

C. 同一作品在报刊上连载取得收入的，以连载完成后取得的所有收入合并为一次，计征个人所得税

D. 同一作品再出版和发表时，以预付的稿酬或分次支付稿酬等形式取得的稿酬收入，应合并计算为一次

E. 同一作品出版、发表后，因添加印数而追加稿酬的，应与以前出版、发表时取得的稿酬合并计算为一次，计征个人所得税

131. 税收是国家凭借政治权力，按照法律规定取得财政收入的一种形式。它的特征主要表现在三个方面，即(　　)。

A. 强制性　　B. 无偿性

C. 固定性　　D. 灵活性

E. 有偿性

132. 税收法律关系主要是由(　　)三方面构成的。

A. 权利主体　　B. 权利客体

C. 法律关系内容　　D. 民事权利

E. 民事义务

133. 纳税义务人的权利主要有(　　)。

A. 多缴税款申请退还权　　B. 延期纳税权

C. 依法申请减免税权　　D. 申请复议权

E. 提起诉讼权

134. 差别比例税率是指一种税设两个或两个以上的比例税率。主要包括(　　)。

A. 产品差别比例税率　　B. 行业差别比例税率

C. 地区差别比例税率　　D. 幅度差别比例税率

E. 个别差别比例税率

135. 比例税率是对同一计税依据，不论数额大小，只规定统一的法定比例的税率。在我国，(　　)等采用的是比例税率。

A. 增值税　　B. 营业税

C. 城市维护建设税　　D. 企业所得税

E. 消费税

136. 目前，我国采用定额税率的税种主要包括(　　)。

A. 资源税　　B. 城镇土地使用税

C. 车船使用税　　D. 增值税

E. 消费税

137. 个人所得税法规定，个人取得的(　　)，每次收入不超过 4 000 元的，定额减除费用 800 元；每次收入在 4 000 元以上的，定额减除 20%的费用。

A. 劳务报酬所得　　B. 稿酬所得

C. 特许权使用费所得　　D. 财产租赁所得

E. 不动产销售收入所得

138. 对税收制度的分类可以按照不同的标志和依据进行，其中，以课税对象的性质为标志对税制进行分类是世界各国普遍采用的分类方式。就实体法而言，根据这一分类标志，我国的现行税制大致可以分为(　　)等几个类别。

A. 流转税类　　B. 所得税类

C. 资源财产税类　　D. 目的行为税类

E. 进出口关税

139. 下列属于个人所得税征税项目的是(　　)。

A. 劳务报酬　　B. 稿酬所得

C. 财产租赁所得　　D. 特许权使用费所得

E. 工资、薪金报酬

140. 从世界各国看，所得税类主要包括(　　)几种。

A. 企业所得税　　B. 个人所得税

C. 社会保险税　　D. 城市维护建设税

E. 车船使用税

141. 个人所得税制度按照课征方法的不同可以分为(　　)三大类。

A. 分类所得税制　　B. 综合所得税制

C. 混合所得税制　　D. 全额所得税制

E. 部分所得税制

142. 在计算费用扣除标准的时候，(　　)等是以每次收入额为应纳税所得额。

A. 股息　　B. 利息

C. 红利所得　　D. 偶然所得

E. 其他所得

143. 国务院发布的《中华人民共和国个人所得税法实施条例》中，规定附加减除费用的适用范围主要包括(　　)。

A. 在中国境内的外商投资企业和外国企业中工作取得工资、薪金所得的外籍人员

B. 应聘在中国境内的企业、事业单位、社会团体、国家机关中工作取得工资、薪金所得的外籍专家

C. 在中国境内有住所而在中国境外任职或者受聘取得工资薪金所得的个人

D. 财政部确定的取得工资薪金所得的其他人员

E. 在中国境内的社会团体中任职的外籍专家

144. 根据我国税法规定，(　　)等所得都应该按次计算征税。

A. 劳务报酬所得　　B. 稿酬所得

C. 特许权使用费所得　　D. 利息股息红利所得

E. 财产租赁所得

145. 在个人所得税的重要优惠政策中，免纳个人所得税的项目主要包括(　　)。

A. 省级人民政府、国务院部委和中国人民解放军军以上单位，以及外国组织颁发的科学教育、技术、文化、卫生、体育、环境保护等方面的奖金

B. 国债和国家发行的金融债券利息

C. 按照国家统一规定发给的补贴、津贴。指按照国务院规定发给政府特殊津贴和国务院规定免纳个人所得税的补贴、津贴。发给中科院和工程院资深院士每人每年 1 万元的津贴免征个人所得税

D. 福利费、抚恤金、救济金、保险赔款、军人转业费、复员费

E. 按照国家统一规定发给干部、职工的安家费、退职费、退休工资、离休工资、离休生活补助费

146. 关于契税，下列说法正确的是(　　)。

A. 契税是以所有权发生转移变动的不动产为征税对象，向产权承受人征收的一种财产税

B. 契税的征税对象是境内转移土地、房屋权属的行为

C. 契税的计税依据是不动产的价格

D. 契税实行 3%～5%的幅度税率

E. 对契税筹划主要是掌握这些税收优惠政策，并加以合理利用

147. 关于城镇土地使用税，下列说法正确的是（　　）。

A. 城镇土地使用税是以城镇土地为征收对象

B. 对拥有土地使用权的单位和个人征收

C. 城镇土地使用税的征税范围，包括在城市、县城、建制镇和工矿区内的国家所有和集体所有的土地

D. 不包括农村集体所有的土地

E. 采用定额税率

148. 关于印花税，下列说法正确的是（　　）。

A. 印花税是对经济活动和经济交往中书立、使用、领受具有法律效力的凭证的单位和个人征收的一种税

B. 印花税的税目共有 13 个

C. 税率为比例税率和定额税率两种

D. 定额税率为 5 元

E. 可以采取压缩合同的表面金额，达到少缴印花税税款的目的

149. 关于房产税，下列说法正确的是（　　）。

A. 以房产为征税对象

B. 依据房产的计税价值或房产租金收入向房产所有人或经营人征收

C. 按照房产计税价值征税的，称为从价计税；按照房产租金收入计税的，称为从租计税

D. 对个人按市场价格出租的居民住房用于居住的，暂减按 4%征收房产税。

E. 征税范围是位于城市、县城、建制镇和工矿区的房屋

150. 关于营业税的筹划，下列说法正确的是（　　）。

A. 可以利用征税范围进行筹划

B. 可以利用材料供应及设备安装进行税务筹划

C. 可以利用不动产销售进行税务筹划

D. 可以利用税率差异进行筹划

E. 可以利用税收优惠进行筹划

151. 流转税是以商品生产，商品流通和劳务服务的流转额为征税对象的税

收种类。下列各项中，属于流转税的有(　　)。

A. 增值税　　B. 消费税

C. 营业税　　D. 企业所得税

E. 个人所得税

152. 根据《个人所得税法》规定，下列各项中，应当缴纳个人所得税的有(　　)。

A. 个人房产租赁所得

B. 个体工商户的生产、经营所得

C. 个人工资、薪金所得

D. 个人独资企业的生产、经营所得

E. 稿酬所得

153. 在下列税率中，属于累进税率的是(　　)。

A. 全额累进税率　　B. 超额累进税率

C. 差别比例税率　　D. 超率累进税率

E. 比例税率

154. 关于个人所得税，下列说法正确的是(　　)。

A. 纳税义务人划分为居民纳税人和非居民纳税人

B. 根据住所标准和居住时间标准来判定居民纳税人和非居民纳税人身份

C. 在境内居住满 1 年，是指在一个纳税年度（即公历 1 月 1 日起至 12 月 31 日止）内，在中国境内居住满 365 日

D. 在计算居住天数时，对临时离境应视同在华居住，不扣减其在华居住的天数

E. 临时离境，是指在一个纳税年度内，一次不超过 30 日或者多次累计不超过 90 日的离境

155. 关于个人所得税，下列说法正确的是(　　)。

A. 工资、薪金所得适用九级超额累进税率

B. 劳务报酬所得每次收入在 4 000 元以下的扣除 800 元的费用

C. 特许权使用费所得每次收入在 4 000 元以下的扣除 1 600 元的费用

D. 财产租赁所得每次收入在 4 000 元以下的扣除 800 元的费用

E. 稿酬所得率每次收入在 4 000 元以下的扣除 800 元的费用

156. 关于个人所得税，下列说法正确的是(　　)。

A. 工资、薪金所得适用九级超额累进税率

B. 劳务报酬所得每次收入在 4 000 元以下的扣除 800 元的费用

C. 特许权使用费所得每次收入在 4 000 元以下的扣除 1 600 元的费用

D. 财产租赁所得每次收入在 4 000 元以下的扣除 800 元的费用

E. 稿酬所得每次收入在 4 000 元以下的扣除 300 元的费用

157. 某高校教师某月获得稿费 2 万元，则这笔稿费的应纳税所得额和需要缴纳的个人所得税的数额分别为(　　)元。

A. 16 000　　B. 19 200

C. 2 240　　D. 2 540

E. 2 640

158. 小张某月获得稿费 4 000 元，则这笔稿费的应纳税所得额和需要缴纳的个人所得税的数额分别为(　　)元。

A. 3 200　　B. 3 300

C. 448　　D. 400

E. 500

159. 小李某月获得劳务报酬 4 000 元，则这笔收入的应纳税所得额和需要缴纳的个人所得税的数额分别为(　　)元。

A.3 400　　B. 3 300

C. 3 200　　D. 448

E. 640

160. 小董某月获得劳务报酬 3 000 元，同时获得工资 2 100 元，则其两笔收入应缴纳的所得税分别为(　　)元。

A. 340　　B. 440

C. 320　　D. 48

E. 25

161. 2005 年 10 月新修订的《个人所得税法》规定，纳税人每月工资、薪金所得的免征额为（　　）元；另外，在中国境内无住所而在中国境内取得工资、薪金所得的纳税人以及在中国境内有住所而在中国境外取得工资、薪金所得的纳税人，还可以享受每月（　　）元的附加免征额。

A. 1 600　　B. 2 000

C. 3 200　　D. 4 000

E. 5 000

162. 关于分析客户税负状况的几个指标，下列说法正确的是(　　)。

A. 名义税率即为税率表所列的税率，是纳税人实际纳税时适用的税率

B. 实际税率是纳税人真实负担的有效税率

C. 平均税率是衡量纳税人税收负担的重要指标

D. 边际税率指在征税对象的一定数量水平上，征税对象的增加导致的所纳

税额的增量与征税对象的增量之间的比例

E. 实际税率又称有效税率，也是衡量纳税人税收负担的一个重要指标

163. 下列关于营业税减免的说法正确的是(　　)。

A. 个人从事技术转让、技术开发业务和与之相关的技术咨询、技术服务业务取得的收入，免征营业税

B. 个人转让著作权，免征营业税

C. 将土地转让给农业生产者用于农业生产，免征营业税

D. 对个人按市场价格出租的居民住房，暂按3%的税率征收营业税

E. 对个人按市场价格出租的居民住房，暂按5%的税率征收营业税

164. 关于消费税，下列说法正确的是(　　)。

A. 卷烟实行复合计税的方法

B. 化妆品的税率为30%

C. 自2006年4月1日起继续征收护肤护发品的消费税

D. 高尔夫球及球具的税率为10%

E. 自2006年4月1日起对高档住宅也征消费税

164. 关于营业税，下列说法正确的是(　　)。

A. 纳税人提供应税劳务、转让无形资产或销售不动产，应当以其营业额为计税依据

B. 应纳税额 = 营业额 × 税率

C. 销售建筑物及其他土地附着物不需要缴纳营业税

D. 转让土地使用权要缴纳营业税

E. 转让土地使用权不需要缴纳营业税

165. 关于营业税，下列说法不正确的是(　　)。

A. 纳税人提供应税劳务、转让无形资产或销售不动产，应当以其营业额为计税依据

B. 旅店业按15%的税率征收营业税

C. 销售建筑物及其他土地附着物需要缴纳营业税

D. 转让土地使用权不需要缴纳营业税

E. 转让土地使用权要缴纳营业税

166. 关于房产税，下列说法正确的是(　　)。

A. 分为从价计征和从租计征

B. 企业房产既有自用又有出租的，应按房产余值和租金收入分别计算房产税

C. 从价计征是按房产的原值减除一定比例后的余值计征

D. 从价计征的应纳税额＝应税房产原值×（1－扣除比例）×年税率1.2%

E. 从租计征是按房产的租金收入计征

167. 某公司有一职员王先生于2006年3月领取工资10 000元，则他当月应纳税所得额和应缴纳的个人所得税为(　　)元。

A. 8 400　　B. 1 305

C. 400　　D. 415

E. 419

168. 某技术人员向某公司转让某项专有技术，获特许权使用费12万元，则这笔特许权使用费的应纳税所得额和需要缴纳的个人所得税的数额分别为(　　)元。

A. 96 000　　B. 19 000

C. 19 200　　D. 15 000

E. 16 000

169. 某高校教师某月获得工资3 500元，外出授课获得2 000元课酬，另外，获得中彩所得2 000元，则其本月应当分别按(　　)税目缴纳个人所得税。

A. 工资、薪金所得　　B. 劳务报酬所得

C. 稿酬所得　　D. 偶然所得

E. 工薪所得

170. 对在中国境内无住所，但在境内居住(　　)年以上、不到(　　)年的纳税人，其来源于中国境外的所得，经主管税务机关批准，可以只就由中国境内公司、企业以及其他经济组织或者个人支付的部分缴纳个人所得税。

A. 2　　B. 1

C. 4　　D. 5

E. 6

171. 在营业税的计税方法中，适用税率为3%的行业包括(　　)。

A. 交通运输业　　B. 建筑业

C. 邮电通信业　　D. 文化体育业

E. 金融保险业

172. 在营业税的计税方法中，适用税率为5%的行业包括(　　)。

A. 金融保险业　　B. 服务业

C. 转让无形资产　　D. 销售不动产

E. 娱乐业中的台球和保龄球

173. 城镇土地使用税的计税依据为纳税人实际占用的土地面积，纳税人实际占用的土地面积按(　　)办法确定。

A. 凡有由省、自治区、直辖市人民政府确定的单位组织测定土地面积的，以测定的面积为准

B. 尚未组织测量，但纳税人持有政府部门核发的土地使用证书的，以证书确认的土地面积为准

C. 尚未核发出土地使用证书的，应由纳税人申报土地面积，据以纳税，待核发土地使用证以后再作调整

D. 合同中约定的确认方法

E. 其他特殊情况

174. 印花税的应税凭证包括(　　)。

A. 经济合同或具有合同性质的凭证

B. 产权转移书据

C. 营业账簿

D. 权利、许可证照

E. 经财政部确定征税的其他凭证

175. 印花税的税率有两种形式，即比例税率和定额税率。印花税的比例税率分为(　　)几个档次。

A. 0.05‰　　　　B. 0.3‰

C. 0.5‰　　　　D. 1‰

E. 2‰

176. 车船使用税采用幅度差别固定税率包括(　　)。

A. 对车辆净吨位尾数在半吨以下者，按半吨计算；超过半吨者，按1吨计算

B. 机动车挂车，按机动载货汽车税额的7折计算征收车船使用税

C. 对拖拉机，主要从事运输业务的，按拖拉机所挂拖车的净吨位计算，税额按机动载货车税额的5折计征车船使用税

D. 对客货两用汽车，载人部分按乘人汽车税额减半征税；载货部分按机动载货汽车税额征税

E. 其他情况

177. 车船使用税应纳税额的计算公式主要包括(　　)。

A. 机动船和载货汽车的应纳税额 = 净吨位数 × 适用单位税额

B. 非机动船的应纳税额 = 载重吨位数 × 适用单位税额

C. 除载货汽车以外的机动车和非机动车的应纳税额 = 车辆数 × 适用单位税额

D. 机动车挂车应纳税额 = 挂车净吨位 × （载货汽车净吨位年税额 × 70%）

E. 从事运输业务的拖拉机应纳税额 = 所挂拖车的净吨位 ×（载货汽车净吨位年税额 × 50%）

178. 税收筹划的基本原理主要包括(　　)。

A. 绝对节税原理　B. 相对节税原理

C. 风险节税原理　D. 组合节税原理

E. 混合节税原理

179. 在确定性风险节税原理中，节税风险有些具有一定的确定性，主要存在以下(　　)情况。

A. 各国的税收优惠　B. 各国的税率差异

C. 各国的税制变化　D. 经济周期

E. 市场利率

180. 税务筹划的基本方法主要包括(　　)。

A. 避免应税收入的实现　B. 避免适用较高税率

C. 充分利用税前扣除　D. 推迟纳税义务发生时间

E. 利用税收优惠

三、判断题

181. 税收筹划是纳税人在法律允许的范围内，通过对经营、投资、理财等经济活动的事先筹划和安排，充分利用税法提供的优惠和差别待遇，以减轻税负，达到整体税后收益最大化。(　　)

182. 我国是根据住所标准和居住时间标准来判定居民纳税人和非居民纳税人身份的。(　　)

183. 对于稿酬所得，每次收入 4 000 元以下的，其应纳税额的计算公式为：应纳税额 = 应纳税所得额 × 20% =（每次收入额 − 800 元）× 20%。(　　)

184. 增值税一般纳税人采用标准计税方法计算应纳增值税额，其计算公式如下：应纳税额 = 当期销项税额 − 当期进项税额。(　　)

185. 有些税种由于实行免税额、税前扣除和超额累进征收制度，纳税人负担的税款低于按税率表上所列税率计算的税款，形成名义税率与实际税率的偏差，名义税率通常低于实际税率。(　　)

186. 小规模纳税人采用简易办法计算增值税，其销售货物只能开具普通发货票，不能使用增值税专用发票；其购进货物不论是否取得专用发票均不得抵扣进项税额。(　　)

187. 边际税率指在征税对象的一定数量水平上，征税对象的增加导致的所

纳税额的增量与征税对象的增量之间的比例。 ( )

188. 木制一次性筷子的税率为10%。 ( )

189. 房产税的计税依据有两种，与之相适应的应纳税额计算也分为两种：一是从价计征的计算；二是从租计征的计算。 ( )

190. 劳务报酬所得、特许权使用费所得和财产租赁所得，每次收入4 000元以下的应纳税额 = 应纳税所得额 × 适用税率 = （每次收入额 - 800元） × 20%。 ( )

191. 财产转让所得的应纳税款 = 应纳税所得额 × 适用税率 = （收入总额 - 财产原值 - 合理费用） × 20%。 ( )

192. 增值税一般纳税人采用标准计税方法计算应纳增值税额，其计算公式如下：应纳税额 = 当期销项税额 - 当期进项税额。 ( )

193. 纳税人提供应税劳务、转让无形资产或销售不动产，应当以其营业额为计税依据，按照规定的适用税率计算应纳营业税税额。 ( )

194. 契税的计税依据为不动产的价格，买卖双方均需缴纳。 ( )

195. 城镇土地使用税的计税依据为纳税人实际占用的土地面积。 ( )

196. 根据我国的营业税法，凡在我国境内提供应税劳务、转让无形资产或者销售不动产的单位和个人，为营业税的纳税义务人。 ( )

197. 兼营不同税目的应税行为，即纳税人从事两个或两个以上税目的应税项目。对兼有不同税目的应税行为均交营业税，且分别核算其营业额、转让额、销售额，并按各自的税率缴税；未分别核算时，从低适用税率计算应纳税额。 ( )

198. 营业额达到或者超过起征点的应照章全额计算纳税，营业额低于起征点则免于征收营业税。按期纳税的起征点为月营业额2 000～5 000元。 ( )

199. 纳税人销售自己使用过的属于应征消费税的机动车、摩托车、游艇，售价超过原值的，按照5%的征收率减半征收增值税；售价未超过原值的，免征增值税。 ( )

200. 城镇土地使用税的征税范围，包括在城市、县城、建制镇和工矿区内的国家所有和集体所有的土地，不包括农村集体所有的土地。 ( )

第四章 退休养老规划

一、单项选择题

（一）根据以下案例，回答1～6题：

老李今年40岁，打算60岁退休，考虑到通货膨胀的因素，退休后每年生活费大约需要10万元（岁初从退休基金中提取）。老李预计可以活到85岁，老李拿出10万元储蓄作为退休基金的启动资金（40岁初），并打算以后每年年末投入一笔固定的资金。老李在退休前采取较为积极的投资策略，假定年回报率为9%，退休后采取较为保守的投资策略，假定年回报率为6%。

1. 老李退休后余年为(　　)年。

A. 24　　B. 25

C. 26　　D. 27

2. 老李在60岁的时候需要准备(　　)元退休金才能实现他的养老目标。

A. 560 441　　B. 1 355 036

C. 1 255 036　　D. 1 555 036

3. 老李拿出10万元储蓄作为退休基金的启动资金（40岁初），到60岁的时候这笔储蓄会变成(　　)元。

A. 560 441　　B. 1 355 036

C. 1 255 036　　D. 1 555 036

4. 由于老李有10万元储蓄作为退休基金的启动资金，不考虑退休基金的其他来源，那么老李在60岁时退休基金的缺口是(　　)元。

A. 1 555 036　　B. 1 255 036

C. 560 441　　D. 794 595

5. 计算老李每年还应投入(　　)元资金才能弥补退休基金的缺口。

A. 1 555 036　　B. 1 255 036

C. 15 532　　D. 794 595

6. 若老李将10万元的启动资金用于应付某项突发事件，则老李需要修改自己的退休规划。若假设老李希望保持退休后的生活水平，那么老李需要增加每年对退休基金的投入额，新的每年的投入额是(　　)元。

A. 1 555 036　　B. 1 255 036

C. 26 486　　D. 794 595

（二）根据以下案例，回答7～14题：

老王今年已经45岁了，家里有存款10万元左右。他和妻子两人每个月收入大约3 000元，月花费近2 000元。假设老王和妻子计划在5年后退休，退休后老王再生存25年，并且假设他们每个月花费需要2 000元，减掉基本养老保险的600元，每月还需要1 400元。假设老王在退休前后的投资收益率均为1.8%。

7. 根据题意我们可以推测出老王在(　　)岁时退休。

A. 50　　B. 85

C. 95　　D. 80

8. 我们可以推测出老王可能会在(　　)岁时去世。

A. 75　　B. 85

C. 95　　D. 80

9. 老王在50岁时需准备(　　)元退休基金（注：除每月600元基本养老保险的折现值）才能实现自己的生活目标。

A. 338 013　　B. 172 144

C. 26 486　　D. 94 595

10. 如果按月复利计息，老王45岁时的10万元存款在退休时会变成(　　)元。

A. 338 013　　B. 172 144

C. 109 410　　D. 94 595

11. 老王将现在每月的结余1 000元存入银行在退休后会变为(　　)元。

A. 338 013　　B. 62 734

C. 291 653　　D. 94 595

12. 根据上面的准备方法，老王的退休资金的缺口为(　　)元。

A. 338 013　　B. 172 144

C. 165 867　　D. 94 595

13. 如果老王坚持不下调退休后的生活质量，同时仍然以银行存款作为主要的投资渠道，每月存款1 000元，那么老王要想弥补上退休资金缺口，他需要再工作(　　)年后才能退休。

A. 15　　B. 10

C. 12　　D. 20

14. 如果老王还想在 50 岁退休的话，那么他需要每月存款(　　)元。

A. 3 644　　B. 3 744

C. 3 844　　D. 3 544

(三) 根据以下案例，回答 15～18 题：

欧阳先生今年刚到 34 岁，在一家大型国企工作。该企业按照劳动和社会保障部颁布的《企业年金试行办法》和《企业年金基金管理试行办法》的相关规定，成立了企业年金理事会，并分别委托一家基金管理公司作为投资管理人，一家商业银行作为托管人和账户管理人。

15. 该企业年金计划中的受托人是(　　)。

A. 企业年金理事会　　B. 基金管理公司

C. 商业银行　　D. 投资管理人

16. 我国目前的企业年金计划均实行确定缴费计划（DC 计划），下列不是退休时个人账户资产的组成部分的是(　　)。

A. 个人缴费　　B. 企业缴费

C. 投资收益　　D. 社会统筹

17. 企业年金是一种补充养老保险，关于企业年金与基本养老保险的关系的描述，正确的是(　　)。

A. 所有企业都必须建立企业年金计划

B. 部分效益比较好的企业可以建立企业年金计划

C. 企业可以自行选择基本养老保险和企业年金之一建立

D. 基本养老保险和企业年金缺一不可

18. 如果欧阳先生每月缴费 800 元，公司按 1:1 的比例缴费，在 6% 的年平均收益率的情况下，到 60 岁初退休时，个人账户余额为(　　)元。

A. 598 458　　B. 567 901

C. 1 196 915　　D. 1 135 803

(四) 根据以下案例，回答 19～24 题：

小李今年 25 岁，打算 60 岁退休，考虑到通货膨胀，退休后每年生活费需要 15 万元。小李在 25 岁时拿出 5 万元作为养老基金的初始资金，小李预计可以活到 90 岁，为了实现他的目标，他打算每年年末投入一笔固定的资金。小李在退休前采取较为积极的投资策略，假定年回报率为 10%，退休后采取较为保守的投资策略，假定年回报率为 7%。

19. 小李退休后余命为(　　)年。

A. 29　　B. 30

C. 31　　D. 27

20. 小李在 60 岁的时候需要准备(　　)元退休金才能实现他的养老目标。

A. 1 991 651　　B. 1 355 036

C. 1 255 036　　D. 1 555 036

21. 小李拿出 5 万元储蓄作为退休基金的启动资金（25 岁初），到 60 岁的时候这笔储蓄会变成(　　)元。

A. 560 441　　B. 1 355 036

C. 1 405 122　　D. 1 555 036

22. 由于小李有 5 万元储蓄作为退休基金的启动资金，不考虑退休基金的其他来源，那么小李在 60 岁时退休基金的缺口是(　　)元。

A. 1 555 036　　B. 1 255 036

C. 560 441　　D. 586 529

23. 计算小李每年还应投入(　　)元资金才能弥补退休基金的缺口。

A. 1 558　　B. 1 255

C. 2 164　　D. 7 945

24. 若小李将 5 万元的启动资金用于应付某项突发事件，则小李需要修改自己的退休规划。若小李希望保持退休后的生活水平，那么小李需要增加每年对退休基金的投入额，新的每年的投入额是(　　)元。

A. 7 349　　B. 12 550

C. 2 648　　D. 79 459

（五）根据以下案例，回答 25～33 题：

王先生夫妇今年均已 40 岁了，家里存款在 50 万元左右。他和妻子两人每个月收入大约 1 万元，月花费近 4 000 元。假设王先生和妻子计划在 10 年后退休，王先生夫妇退休后再生存 30 年，并且假设他们每年花费 16 万元（注：这笔钱在每年年初拿出），减掉基本养老保险和保险公司给予的保险金 3 万元，每年还需要 13 万元。假设王先生在退休前后的投资收益率均为 5%。

25. 根据题意我们可以推测出王先生在(　　)岁时退休。

A. 60　　B. 85

C. 50　　D. 80

26. 根据题意我们可以推测出王先生假设会在(　　)岁时去世。

A. 75　　B. 82

C. 95　　D. 80

27. 王先生在 50 岁时需准备(　　)元退休基金才能实现自己的生活目标。

A. 338 013　　B. 172 144

C. 2 098 340　　D. 94 595

28. 王先生 40 岁时的 50 万元的存款在退休后会变成(　　)元。

A. 338 013　　B. 172 144

C. 109 410　　D. 814 447

29. 王先生将现在每月的结余 6 000 元存入银行在退休后会变成(　　)元。

A. 338 013　　B. 931 694

C. 291 653　　D. 94 595

30. 根据上面的准备方法，王先生的退休资金的缺口为(　　)元。

A. 338 013　　B. 172 144

C. 352 199　　D. 94 595

31. 根据题意我们可以推测出王先生在(　　)岁时去世。

A. 75　　B. 85

C. 95　　D. 80

32. 如果王先生夫妇坚持退休后生活质量不下调，那么王先生夫妇需要再工作(　　)年后才能退休。

A. 15　　B. 10

C. 12　　D. 20

33. 假设王先生如果还想在 50 岁退休的话，那么他需要每月存款(　　)元。

A. 3 644　　B. 8 210

C. 3 844　　D. 3 544

(六) 根据以下案例，回答 34～40 题：

高先生今年 36 岁，打算 65 岁退休，考虑到通货膨胀的因素，他退休后每年生活费用需要 12 万元。高先生预计可以活到 85 岁，他首先拿出 10 万元储蓄作为退休基金的启动资金，并打算每年年末投入一笔固定的资金。

34. 高先生退休后还能活(　　) 年。

A. 20　　B. 19

C. 21　　D. 22

35. 假定退休后的投资回报率为 3%，则高先生 65 岁退休时，退休基金必须达到的规模为(　　) 万元。

A. 183.89　　B. 178.53

C. 163.89　　D. 138.53

36. 高先生还有(　　)年退休。

A. 30　　B. 31

C. 29　　D. 28

37. 假定退休前的投资收益率为6%，10万元的启动资金到高先生65岁时增长为(　　)万元。

A. 51.12　　B. 54.18

C. 57.34　　D. 59.20

38. 承前，根据高先生对退休基金的需要，除了启动10万元可以产生的收益外，退休基金的缺口为(　　)万元。

A. 112.77　　B. 129.71

C. 132.77　　D. 121.19

39. 为达到退休基金的必要规模，高先生在退休前每年应投入(　　)元。

A. 17 617　　B. 16 617

C. 16 614　　D. 17 614

40. 若高先生将10万元的启动资金用于应付某项突发事件，则高先生需要修改自己的退休规划。若假设高先生希望保持退休后的生活水平，那么高先生需要增加每年对退休基金的投入额，新的每年的投入额是(　　)万元。

A. 2.1　　B. 2.2

C. 2.3　　D. 2.5

（七）根据以下案例，回答41～52题：

董先生60岁，今年就会退休。长久以来靠着他稳定的收入，不仅一家三口衣食无缺，并累积了一笔财富约90万元。由于对退休规划的相关知识了解甚少并且由于有一个孝顺的儿子在身边，他觉得也没有多大的必要去规划退休后的生活。但是，一年前儿子结婚之后，随着房价、教育费用等的不断上涨，董先生觉得儿子的生活负担也很重。小俩口不仅很难拿出钱来孝敬他们，而且还时不时的需要他们补贴一下。董先生意识到退休后的生活要依靠儿子是不现实的，而且儿子媳妇几次三番的在他面前提到想买大一些的房子需要些钱，摆明了是在打董先生那笔养老的钱的主意。所以，最近董先生忧心忡忡。一日跟一帮老朋友喝酒解闷聊到这些的时候，老友张某说自己通过安养信托规划了自己退休后的生活，现在无忧无虑。这引起了董先生极大的兴趣，但是自己对于安养信托、退休规划毕竟是一知半解，所以他马上向理财规划师咨询相关知识，希望也能制订一份适合自己的退休规划以解决自己的后顾之忧。

41. 董先生想弄清楚安养信托到底是怎么回事。所以理财规划师先给他简单介绍了一下安养信托，从本质上讲安养信托实际上就是一种(　　)。

A. 他益信托　　B. 公益信托

C. 自益信托　　D. 混合信托

42. 董先生马上产生了疑问，人们为什么要将自己的钱通过安养信托机制交给自己？于是，理财规划师给董先生列举了一下通过安养信托进行资产管理的种种好处，其中不包括(　　)。

A. 通过安养信托可以帮助不擅长管理资产的人管理资产，最大化收益

B. 通过安养信托可以转移资产，并且可以利用分年赠与来节省移转成本并保持一定程度的控制权

C. 通过安养信托可以防止不肖亲友、子女觊觎自己的退休金以保全退休金

D. 安养信托可以帮助不想再为钱烦恼，不愿管理财产的客户在毫无风险的情况下取得较高的投资收益

43. 董先生想知道自己的安养信托的受益人是不是只能是自己？理财规划师解释，实际上，如果董先生需要安排安养信托，那么安养信托的受益人(　　)。

A. 必须包含董先生或他太太　　B. 只能是他自己

C. 只能是他儿子　　D. 只能是他和他妻子

44. 董先生知道了通过安养信托，自己的退休生活可以无忧了，但是如果信托期满，自己的信托资产还有剩余如何处理？理财规划师的解释是：安养信托期满受托人将剩余的信托财产(　　)。

A. 归为自己所有　　B. 交付委托人

C. 交付受益人　　D. 自由处置

45. 了解了安养信托之后，董先生觉得通过安养信托来规划自己的退休生活的确不错。但是现在自己的钱一部分投资于基金，另一部分放在银行，存了不同期限的定期。所以，董先生想知道是不是可以分期把自己的资金交付同一个安养信托。理财规划师解释：安养信托框架下，委托人与受托人签订信托契约，将信托资金(　　)交付与受托人。

A. 分期　　B. 以年金的形式

C. 一次　　D. 一次或者以年金的形式

46. 最后，董先生决定请理财规划师为自己安排一个安养信托，规划自己的退休生活。于是，理财规划师就开始为董先生制订退休规划，在这个过程中，理财规划师考虑了种种影响董先生退休养老规划的因素，其中最不可能包括的因素是(　　)。

A. 董先生的退休时间　　B. 董先生儿子的购房需求

C. 利率及通货膨胀的长期趋势　　D. 经济运行周期

47. 理财规划师在为董先生进行退休规划的时候考虑了董先生退休后的生活需求：董先生退休后的支出主要有：每年全部的生活休闲费用大约 5.5 万元；医疗费用需要自己支付的部分大约 1 万元。而董先生退休后每年还大约有 3.5 万元的收入。那么，董先生每年需要由安养信托解决的费用约为(　　)万元。

A. 3　　B. 5.5

C. 6.5　　D. 10

48. 经过综合考虑，理财规划师的建议是：董先生把70万元委托给某一信托机构成立信托资金，约定以后20年中每年可定期领回一笔固定金额3万元作为生活之用。现在股市低迷，由于董先生的钱一部分投资于基金，一部分为尚未到期的定期存款，理财规划师就建议他(　　)。

A. 先借款70万一次交付给受托人

B. 将基金变现，定期存款取出来，凑够70万元交给委托人

C. 直接将价值70万元的基金和定期存款作为信托财产交给受托人

D. 等到股市好一些的时候再将基金变现到那个时候再建立安养信托

49. 这个时候，董先生说，因为自己有收藏的艺术品，将来可能有升值的空间，如果获得了收益可以用来应付近几年的日常支出，并且感觉自己退休之后生活开支也应该会有所下降，所以问是否可以把自己现有的90万元的积蓄全部投入到自己的安养信托之中？理财规划师的建议是：虽然艺术品有可能升值，但是这并不是一定的，并且即使升值变现也需要一定的时间，董先生除了现有积蓄，又没有其他稳定的收入来源，为了不影响近期的生活，保证自己的生活质量，还是预留一定的灵活性资金比较好。理财规划师的这个建议，符合制订退休规划的(　　)。

A. 弹性化原则　　B. 谨慎性原则

C. 退休基金使用的收益化原则　　D. 适时规划原则

50. 董先生觉得理财规划师的建议的确合理，所以同意了上述安排。但是他却总是担心70万元无法满足未来生活及医疗所需，那应该怎么办？理财规划师说，如果董先生有这种担忧，在安排董先生的安养信托的时候，可以考虑每年追加一笔固定金额，以满足未来生活资金需求。理财规划师进一步解释说，退休养老规划不一定是一成不变的，可以根据环境的变动或者客户需求的改变而做出相应调整。这符合制订退休养老规划的(　　)。

A. 弹性化原则　　B. 谨慎性原则

C. 灵活性原则　　D. 易变性原则

51. 董先生觉得理财规划师的建议很好，随着自己年龄的增大，将来的医疗费用很可能会比较多，所以决定在未来的10年内在自己的安养信托中每年增加1万元投入。假设可获得投资报酬率5%，10年后董先生所增加的投入资金的价值为(　　)万元。

A. 10　　B. 15

C. 16.29　　D. 12.58

52. 安养信托合同有两种，一种是可以更改的（revocable），另一种是不可以更改的（irrevocable）。如果理财规划师为董先生按照上述规划安排了安养信托，那么，董先生的安养信托(　　)。

A. 安排为可更改信托比较好

B. 安排为不可更改信托比较好

C. 可以安排为一种介于可更改与不可更改信托之间的信托方式

D. 可以安排为两种中的任意一种形式，没有差别

（八）根据以下案例，回答 53～60 题：

小李大学毕业两年，现就职于一事业单位。虽然拥有一份相对稳定、收入不错的工作，并且自己也已经做出了一些成绩。但是小李却总觉得自己还很年轻不甘于这么平淡的生活。看着许多以前的同学在外企做得有声有色，自己也想跳槽试试。尤其是前几天接到猎头公司的电话，说有一家跨国公司需要自己这样的人才之后，小李更是蠢蠢欲动。但是最近在办公室里听到快要退休的一些同事说到退休金什么的，觉得对于像自己这样的女生来说稳定一点的工作好像起码可以确保自己以后的生活不会太差。一方面是自己的职业规划问题，另一方面是自己将来退休后的生活问题，对于这两方面，小李都不太清楚，但又觉得两者成了自己目前选择的矛盾之源，不知道如何权衡。经同学介绍，小李找到了一位资深的理财规划师进行了详细的咨询。

53. 理财规划师听了小李的讲述，指出目前小李面对的问题实际上属于自己的职业规划问题，并且分析了它与退休养老规划的关系，关于两者的关系，下面叙述错误的是(　　)。

A. 职业规划是涉及人一生的过程，包括最终的退休

B. 退休养老规划关注的是客户财富的增减和现金流的出入，不涉及客户的职业及其发展问题

C. 理财规划师为客户提供的有关养老规划的建议，基本上都是建立在对未来职业的预期上

D. 帮助客户在职业上实现更好的发展，从而形成财务上的优势，是理财规划师的工作内容之一

54. 虽然理财规划师不是专业的职业规划师，但是，理财规划师还是简要的帮助小李分析了一下职业规划的问题。根据 Ginsberg，Ginsburg，Axelre（D）an（D）Herma 理论，人的职业选择是一个发展的过程，目前小李正处于(　　)。

A. 幻想阶段　　　　B. 试验阶段

C. 现实阶段　　　　D. 实践阶段

55. 理财规划师给小李大体讲了一些职业规划的理论，其中霍伦的职业象征

论给小李留下了很深的印象，因为理财规划师提到虽然现实中大量的研究都支持霍伦的职业象征论，但也有不同意见，其中最重要的一个是建立在偏见的产生的基础之上的，因为妇女通常只产生三种个性类型，这三种类型不包括(　　)。

A. 艺术型　　B. 现实型

C. 社会型　　D. 传统型

56. 经过一番讲解，小李颇为认同社会认识职业理论，感觉自己的实际情况正如社会认识职业理论所假设的那样——职业选择被个人发展的信念所影响，并通过四个主要的渠道进行改变，这四个渠道不包括(　　)。

A. 个人成就　　B. 劳动改造

C. 社会同化　　D. 生理状态

57. 但是理财规划师毕竟不是专业的职业规划师，在对客户进行职业建议时，理财规划师更看重的是客户现在和未来的财务状况，以及职业选择所能带来的现金流。理财规划师对客户的职业建议的过程一般不包括(　　)。

A. 询问客户的兴趣爱好和希望发展的方向，确定职业发展范围

B. 试着让客户分析自己的性格、所处环境的优势和劣势

C. 制订客户的资产负债表，深入分析财务状况，列出未来可能会出现的财务危机

D. 最后代客户确定其职业选择

58. 职业选择是整体职业规划中最为重要的阶段。面对一脸迷茫的小李，理财规划师给了小李一些建议，认为她完全可以根据职业规划的四个步骤自主进行规划，解决目前的难题，在职业规划的过程中还需要(　　)。

A. 了解个人的全部信息

B. 调查所有行业的状况

C. 确认可能的工作并且评估这些工作

D. 制订一个寻找工作的策略

59. 经过一番思考和规划，小李决定跳槽到前些日子猎头推荐她去的那个跨国公司。但是毕竟在外企工作，有很多不确定的因素，以后的生活也可能会很不稳定。所以小李开始考虑是否现在开始规划自己的退休养老生活比较好。理财规划师建议小李现在就开始为自己的退休养老进行投资，因为现在投资负担相对更轻。为此他特地为小李算了一笔账：目前小李 25 岁，如果她在 25 岁到 30 岁之间每年拿出 2 000 元用于以后的退休养老，假设投资收益率为 12%，并且在 31 岁到 65 岁之间不进行额外投资，则从 25 岁到 30 岁 6 年之间的投资额在 65 岁时(岁末)可以增值到(　　)元。

A. 856 958　　B. 624 000

C. 663 872　　D. 186 101

60. 另一种办法，如果小李在31岁到65岁之间每年拿出2 000元用于投资，同样假设投资收益率为12%，则从31岁到65岁（岁末）35年间的投资在65岁（岁末）时可以增值到(　　)元。

A. 10 400　　B. 105 599

C. 863 327　　D. 804 952

由此可见，两种办法的最终价值相差无几，但是显然第一种方式下小李的负担更轻。

二、多项选择题

61. 理财规划师为客户进行退休养老规划的时候，首先就要确定退休目标。所谓的退休目标是指人们所追求的退休之后的一种生活状态。我们可以将确定退休目标分解成两个因素，即(　　)。

A. 退休年龄　　B. 退休金数量

C. 退休后的生活质量要求　　D. 退休后的收入来源

E. 退休后的支出数额

62. 根据我国现行的医疗社会保险制度规定，以下各单位必须为职工投保医疗保险的不包括(　　)。

A. 乡镇企业　　B. 城镇民办企业

C. 城镇民办非企业单位　　D. 城镇个体户

E. 城镇社会团体

63. 一个人在进行职业选择的时候需要首先分析所有个人信息，这些需要考虑的个人信息包括(　　)。

A. 个人的家庭背景　　B. 个人的价值评判

C. 个人的经济状况　　D. 个人的兴趣爱好

E. 个人对职业发展的需要

64. 理财规划师为客户进行退休养老规划的时候要预测退休后的资金需求，往往是根据客户现在的家庭收支状况进行调整，调整的时候要(　　)。

A. 按照目前家庭人口数与退休后家庭人口数的差异调整膳食和购买衣物的费用

B. 去除退休前可支付完毕的负担

C. 减去因工作而必须额外支出的费用

D. 加上退休后根据规划而增加的休闲费用及因年老而增加的医疗费用

E. 参考过去年度的物价变化，设定通货膨胀率，测算出退休后的生活费用

65. 安养信托是进行退休养老规划的时候常常用到的一种规划工具。下列有关安养信托的说法正确的包括(　　)。

A. 安养信托的委托人要将信托资金一次交付受托人

B. 安养信托的信托财产主要投向基金、存款、股票等金融工具

C. 安养信托本质上属于一种自益信托

D. 目前我国已经推出了多种安养信托

E. 安养信托的受益人可以是委托人的子女，所以属于他益信托

66. 目前我国实行社会统筹和个人账户相结合的运行模式的保险形式有(　　)。

A. 基本医疗保险　　B. 养老保险

C. 工伤保险　　D. 生育保险

E. 失业保险

67. 客户的退休生活最终都要以一定的收入来源为基础。一般而言，客户的退休收入包括(　　)。

A. 社会保障　　B. 企业年金

C. 商业保险　　D. 投资收益

E. 兼职工作收入

68. 任何一项退休养老规划都必须充分考虑经济社会发展等客观因素的影响，下列属于影响客户的退休养老规划的客观因素有(　　)。

A. 客户退休后的生活打算　　B. 经济运行周期

C. 客户的风险偏好　　D. 客户投资需求

E. 社会人口结构

69. 企业年金是客户退休后生活的收入来源之一。企业之所以要举办年金计划主要是因为企业年金计划可以给企业带来一些好处，这些好处表现在企业年金计划可以(　　)。

A. 给职工带来保障　　B. 吸引人才

C. 为职工建立提前退休的机制　　D. 为企业带来税收优惠

E. 增加公司的凝聚力

70. 在我国企业年金基金必须指定受托人，受托人在企业年金的计划中的职责有(　　)。

A. 制订基金的投资方向　　B. 编制基金的财务报告

C. 对年金的管理进行监督　　D. 收取个人基金的缴费

E. 建立投资风险准备金

71. 理财规划师为客户制订退休养老规划，必须遵循弹性化原则，下列做法符合这一原则的有(　　)。

A. 退休养老规划的制订，应当视个人的身心需求及实践能力而定

B. 当理财规划师发现拟定的目标高远窒碍难行的时候，适当的调整，以可行的策略与目标取而代之

C. 劝说客户尽早进行规划

D. 在预测客户的退休后的收入的时候对不确定性的收入采取保守预测

E. 发现客户工作单位效益不佳，规划的时候考虑了好坏两种情形

72. 理财规划师为客户进行退休养老规划的时候要遵循一定的原则，以下做法符合退休养老规划原则的是(　　)。

A. 准备的退休基金在投资中应遵循稳健性的原则

B. 理财规划师应该劝说客户，对于自己的退休金应该确保安全，不要追求收益

C. 对于客户的基本养老保险、企业年金和个人商业保险等保证给付的资金，理财规划师应该建议将其用于退休养老日常生活中的基本的衣食住行

D. 在条件允许的情况下，理财规划师应该建议客户为了退休养老进行早期的强制性的储蓄

E. 在制订退休养老规划的过程中，多估计些客户退休后的支出，少估计些收入

73. Ginsberg，Ginsburg，Axelre（D）ar（D）Herma 理论认为，影响职业选择的因素有(　　)。

A. 真实需要　　B. 教育因素

C. 情感因素　　D. 社会认同

E. 个人价值

74. 人的职业选择的现实阶段横跨了青少年中期和青年时期，它又可以分为(　　)。

A. 试验阶段　　B. 探索阶段

C. 具体化阶段　　D. 实施阶段

E. 评价阶段

75. 根据职业选择的 Super 理论，一个人的职业选择分为几个阶段，包括(　　)。

A. 具体化阶段　　B. 明细化阶段

C. 实施阶段　　D. 巩固阶段

E. 退休准备阶段

76. 虽然 Super 理论为职业选择的专业研究提供了理论基础，但是随着职业选择理论的发展，这个理论渐渐不能适应形势，因为它忽略了(　　)的因素。

A. 妇女　　B. 个人观念

C. 种族　　D. 国别

E. 贫穷

77. 约翰·霍伦的理论是建立在他称之为人生定位这一概念的基础之上的，以下属于该理论的假设条件的有(　　)。

A. 在我们的文化中，人可以被归类为：现实型、艺术型、社会型、冒险型和传统型中的一种

B. 在我们的文化中，存在着六种环境模型：现实型、钻研型、艺术型、社会型、冒险型和传统型

C. 人们寻找着能锻炼自己的技术和能力的环境，表现他们的观点和价值，并承担合理的问题和角色

D. 个性和环境决定行为

E. 人是理性的

78. 社会认识职业理论着重研究个人效力、结果、预期和个人目标对个人职业选择的影响。该理论的创立者有(　　)。

A. 兰特　　B. 布朗

C. 阿尔伯特·班杜拉　　D. 约翰·霍伦

E. Hackett

79. 职业选择是整体职业规划中最为重要的阶段，一个人既可以在专业人士的辅导下，也可以自主进行规划，职业选择主要包括以下步骤(　　)。

A. 个人　　B. 选择

C. 比较　　D. 匹配

E. 行动

80. 理财规划师在对客户进行职业建议时，对客户的职业建议应该包括(　　)。

A. 确定客户职业发展范围

B. 进行 SWOT（优势/劣势/机遇/挑战）分析

C. 写下阻碍客户达到目标的个性上的缺点

D. 建议客户对自己的缺点寻求帮助

E. 建议客户列出公司对他的要求和期望

81. 客户在制订退休养老规划之前往往都对自己的退休养老生活有一定的认识和打算，但是，客户的理解和认识有一些是不够科学、合理的，理财规划师要

及时发现客户的不准确的理念并且加以提示，帮助客户树立正确的退休养老规划理念。下列客户对于退休养老生活的理解中不科学的有(　　)。

A. 青年人没有必要考虑退休养老问题

B. 女性更需要退休养老规划

C. 所有人都应该进行早期强制性储蓄，未雨绸缪，尽早规划退休生活

D. 退休后的生活存在很大的不确定性，所以退休养老规划要有弹性

E. 退休后的生活开支一般会明显下降，所以退休金的准备可以保守一些

82. 客户之所以需要安养信托机制是因为客户有资产管理及资产保全的需求，而信托的机制满足了他们的需求，一般而言客户对于管理财产有“三不”，具体是指(　　)。

A. 客户预先安排好资金管理运用方式，以防将来行为能力退化，不能够管理财产

B. 客户不能以个人的身份参与某项投资

C. 客户为钱工作了大半辈子，退休后只想过悠闲生活，不想再为钱烦恼，不愿管理财产

D. 客户对于自己的资产的了解并不十分确切

E. 客户在特定领域非常专业，但对于投资理财却是十分不了解，退休理财却把资金越理越少，不擅长管理财产

83. 理财规划师为客户进行退休和养老规划的时候，客户可能会有资产保全的需求，一般而言，客户此时之所以有资产保全的需求，主要包括以下情况(　　)。

A. 客户对于自己积累的资产害怕受到各种风险的影响而遭受损失

B. 客户处在事业的巅峰，但是想趁现在有能力的时候为将来的退休生活做准备

C. 客户已经退休，领有一笔退休金，防止自己难以应对各方面的请求，想保全退休金

D. 避免通货膨胀对于资产价值的影响

E. 防止自己的资产被依法没收

84. 通常客户的退休后的资金需求与对客户退休收入的预测之间会存在差距，并且这个差距往往表现为预测的退休收入达不到退休后的资金需求。为了弥补这一缺口，理财规划师可以利用(　　)等途径来实现对退休养老规划方案的进一步修改。

A. 提高储蓄的比例　　　　　　B. 延长工作年限

C. 进行更多高收益率的投资　　D. 减少退休后的花销

E. 参加额外的商业保险计划

85. 为了保证退休规划的准确性和有效性，建立退休规划需要遵循一定的程序。一般来说，一个合理的退休规划离不开以下几个环节(　　)。

A. 确定退休目标　　B. 确定保险金额需求

C. 预测退休资金需求　　D. 预测退休收入

E. 找到差距并制订详细的退休规划

86. 理财规划师为客户进行职业规划的匹配过程中，需要做的内容包括(　　)。

A. 确认可能的工作　　B. 评估这些工作

C. 研究可替代的选择　　D. 进行长期和短期的选择

E. 制订一个寻找工作的策略

87. 理财规划师为客户进行职业规划的时候进行的 SWOT 分析包括(　　)分析。

A. 问题　　B. 优势

C. 劣势　　D. 机遇

E. 挑战

88. 经济运行周期是影响客户的退休养老规划的一个重要客观因素，下列有关经济运行周期与退休养老规划的关系的说法正确的有(　　)。

A. 在经济处于繁荣期积累的退休储蓄是有利的，反之则是不利的

B. 在经济处于萧条期积累的退休储蓄是有利的，反之则是不利的

C. 对于已经开始退休生活的人而言，经济周期的更替没有什么实质性的影响，经济运行周期只是影响尚未退休的人

D. 对于已经开始退休生活的人而言，经济周期的更替将改变其相对经济地位，进而影响其社会地位

E. 中国经济目前的情形对当前正处于积累退休储蓄的个人而言是有利的

89. 理财规划师为客户进行退休养老规划的时候遵循保证给付的资金满足基本支出的原则，下列各项中属于保证给付的资金的有(　　)。

A. 基本养老保险　　B. 基金投资收益

C. 企业年金　　D. 个人商业保险

E. 合伙企业分红

90. 作为退休养老规划的一个工具，安养信托在国外较为流行，客户之所以需要安养信托其原因主要有(　　)。

A. 客户对自己的财产没有管理权

B. 客户预先安排好资金管理运用方式，以防将来行为能力退化，不能够管

理财产

C. 客户没有民事行为能力

D. 客户有移转资产的需求

E. 客户有资产保全的需求

三、判断题

91. 在我国，只要年满 18 岁的中国公民，不管有没有参加工作都可以参加养老保险。 （ ）

92. 我国财政主要是用来弥补社会养老保险的赤字，而不是养老保险资金的主要来源。 （ ）

93. 我国养老保险实行社会统筹和个人账户相结合的运行模式，其中的个人账户经财政批准可以提前支取。 （ ）

94. 进行退休养老规划的时候要密切关注利率和物价因素，因为它们会影响个人退休的生活品质。 （ ）

95. 在制订退休养老规划的过程中，应当本着谨慎性的原则，多估计些支出，少估计些收入，使退休后的生活有更多的财务资源。 （ ）

96. 理财规划师的职责是为客户管理财富，对于客户的职业选择和职业规划不要指手划脚。 （ ）

97. 在我国，男性员工一般在 60 岁左右退休，女性员工在 55 岁左右退休。 （ ）

98. 社会保险与政府其他所有社会保障计划共同的特征是受保人必需缴纳一定的费用。 （ ）

99. 企业年金计划完全由企业自主决策，在我国，职工未能达到退休年龄的经企业股东大会批准也可以领取企业年金。 （ ）

100. 理财规划师设计好理财方案并交付客户，也就意味着理财方案的最终确定。 （ ）

第五章　财产分配与传承规划

一、单项选择题

1. 某甲与某乙已登记结婚，但未同居，也未举行婚礼。之后某甲后悔与某乙结婚，进行下列(　　)行为后，婚姻关系才能解除。

A. 调解　　B. 宣布婚姻无效

C. 离婚　　D. 撤销结婚登记

2. 下列各项财产中，(　　)财产为个人财产。

A. 婚前以夫妻一方个人名义购买的房子，夫妻共同使用经过8年以上

B. 婚前个人财产与婚后共同财产无法查证

C. 婚内一方出版小说获得的稿费

D. 结婚后，一方以个人名义购买的电视

3. 王家有三兄弟甲、乙、丙，丙幼年时送给胡某作养子，丙结婚时，胡某为其盖了新房，后因失火致使该房屋被烧毁。丙的生母就将自己的住房腾出1间来，让丙夫妇及胡某居住，不久丙的生母病故。甲与乙要收回房子，丙认为自己有权继承母亲遗产，拒不搬出，依照法律规定，死者的遗产由(　　)继承。

A. 甲和乙　　B. 甲、乙和丙

C. 甲、乙、胡某　　D. 甲、乙、丙及胡某

4. 下列情形不属于无效婚姻的有(　　)。

A. 甲男和乙女未到法定婚龄而结婚的

B. 甲男婚前患有医学上认为不应当结婚的疾病，婚后未治愈

C. 甲男乙女是表兄妹而结婚

D. 乙女因受家庭强迫与甲男结婚

5. 离婚时，用于家庭生活的债务，应由(　　)。

A. 男方偿还　　B. 女方偿还

C. 双方偿还　　D. 有负担能力的一方偿还

6. 甲婚前受赠一幢房屋，与乙结婚后共同使用、管理该房近 15 年。当甲与乙离婚时，该房屋(　　)。

A. 仍应视为甲方的婚前个人财产　B. 应视为甲、乙的夫妻共同财产

C. 应由甲、乙平均分割　　　　　D. 甲和乙应当进行协商确定

7. 结婚多年的配偶在离婚时，一方年老病残，失去劳动能力而又无生活来源的，另一方应当(　　)。

A. 给予适当的经济帮助　　　　　B. 在居住和生活方面给予适当的安排

C. 给予长期的经济帮助　　　　　D. 负完全扶养义务直到死亡

8. 刘钢 5 岁时丧父，母亲后与继父王某结婚，刘钢与外祖母一起生活，受其抚养。刘钢工作后，母亲去世，继父王某年老多病要求赡养，法院应判决：(　　)。

A. 刘钢每月必须付给王某一定的生活费

B. 刘钢可以不付给王某生活费

C. 刘钢每月付给王某一定的生活费，王某死后遗产由刘钢继承

D. 刘钢对王某有赡养义务

9. 小高的生父及与小高形成了抚养教育关系的继父于 1997 年 5 月先后死亡。依照我国法律规定，小高(　　)。

A. 只能继承生父的遗产　　　　　B. 只能继承继父的遗产

C. 对生父、继父的遗产都无权继承 D. 对生父、继父的遗产都有权继承

10. 未形成抚养关系的继父母与继子女之间属于(　　)。

A. 自然直系血亲关系　　　　　　B. 拟制直系血亲关系

C. 拟制直系姻亲关系　　　　　　D. 拟制旁系血亲关系

11. 刘某婚前接到在美国的舅舅的来信，说要赠给她 5 000 美元，刘某回信表示接受并表达了感谢。但由于舅舅事务繁忙，一直没有寄过来。后来，刘某和赵某结婚，婚后第 2 个月收到了舅舅的这笔汇款。那么，该项钱款(　　)。

A. 属于刘某的婚前个人财产　　　B. 属于刘某与赵某夫妻共同财产

C. 属于婚前取得，但归二人共有　D. 由刘某舅舅来决定这笔钱的归属

12. 苏某死亡后，遗产已经分割。其中苏某的女儿按苏某的遗嘱继承了房屋一套（价值 35 万元），苏某女儿和儿子按法定继承各取得 20 万元遗产，苏某的好友张某按遗赠得钢琴一架（价值 2 万元），经查苏某生前尚欠冯某 10 万元债务，苏某欠冯某的债务应(　　)。

A. 由苏某女儿、儿子和张某按其继承财产的比例清偿

B. 由苏某的女儿单独清偿

C. 由苏某的儿子单独清偿

D. 由苏某的女儿和儿子共同清偿

13. 遗嘱继承人放弃继承，其放弃继承的财产按照(　　)。

A. 无人继承办理　　B. 代位继承办理

C. 转继承办理　　D. 法定继承办理

14. 贺某的儿子贺甲先于贺某死亡，下列(　　)有代位继承的权利。

A. 贺甲的妻子　　B. 贺甲的弟弟

C. 贺甲的儿子　　D. 贺甲的祖父母

15. 骆某生前立一遗嘱将其收藏的一件古玩赠给郭某。骆某死后郭某表示接受骆某的遗赠，但在骆某的遗产分割前郭某也去世。现应(　　)。

A. 由骆某的继承人按法定继承继承

B. 由郭某的继承人按法定继承继承

C. 由骆某和郭某的继承人共同继承

D. 经骆某的继承人同意，可让郭某的继承人继承

16. 石某的父亲于1998年2月1日去世，石某依照法定继承取得遗产房屋一套。2001年5月1日石某与叶某结婚，婚后双方居住在石某的房屋中，2003年10月21日双方因感情不和而离婚，分割财产时，对该房屋的权属发生争议。该房屋所有权依法应(　　)。

A. 属于夫妻共同共有财产　　B. 属于石某的个人财产

C. 属于夫妻按份共有财产　　D. 属于叶某的个人财产

17. 下列财产中，不属于遗产的财产是(　　)。

A. 被继承人生前个人所有著作权的署名权

B. 被继承人生前个人所有存款

C. 被继承人生前个人所有学习用品

D. 被继承人生前个人所有著作权中的财产权利

18. 同一顺序的继承人有二人以上时，遗产分配的比例应首先坚持(　　)。

A. 均等分配原则　　B. 照顾原则

C. 权利义务一致原则　　D. 协商原则

19. 双方自愿离婚的，(　　)。

A. 自行解除婚姻关系

B. 到婚姻登记机关进行离婚登记

C. 由人民法院判决

D. 由双方单位批准

20. 以下(　　)不属于不管夫妻一方是否同意，因负担此费用而产生的债务都为夫妻共同债务。

A. 一方为支付另一方的扶养费用而所负的债务

B. 一方为支付子女的抚养费用所负的债务

C. 一方为支付老人的赡养费用所负的债务

D. 一方为满足自己的收藏爱好所负的债务

21. 我国《婚姻法》规定，三代以内的旁系血亲(　　)。

A. 可以依照习惯结婚　　B. 不生育子女的可以结婚

C. 禁止结婚　　D. 可以允许结婚

22. 甲、乙夫妻双方协商同意离婚，乙委托丙去婚姻登记管理机关代理办理离婚登记手续。依我国法律规定，(　　)。

A. 丙可以代理

B. 经甲乙双方同意，丙可以代理

C. 在取得授权委托书的情况下，丙可以代理

D. 丙不能代理

23. 离婚时，如一方生活困难，另一方(　　)。

A. 应给予适当的经济帮助　　B. 应维持其生活

C. 应给予定期帮助　　D. 应给予长期帮助

24. 遗嘱继承人的范围是(　　)。

A. 与法定继承人的范围相同

B. 与法定继承人的范围不同

C. 公民或法人

D. 公民、法人、国家或其他组织

25. 继承开始的时间就是继承发生效力的时间，继承开始的时间应是(　　)。

A. 继承人表示接受继承的时间　　B. 被继承人死亡的时间

C. 遗产被确定的时间　　D. 遗产分割的时间

26. 刘某有两个儿子和一个女儿，都已经成家，妻子和父母都已经去世。大儿子生活较好，但不孝敬，女儿离刘某比较远不便照料刘某，刘某一直与二儿子一起生活。刘某去世后，其遗产 6 万元应当怎样分割。以下说法错误的是(　　)。

A. 首先 3 个人可以协商，按照他们的办议处理

B. 如果协商不成，3 个人平分

C. 如果协商不成，二儿子应当多分

D. 如果协商不成，大儿子应当少分

27. 甲于 1990 年与乙结婚，1991 年以个人名义向其弟借款 10 万元购买商品

房一套，夫妻共同居住。2003年，甲乙离婚。甲向其弟所借的钱，离婚时应如何处理？(　　)

A. 由甲偿还

B. 由乙偿还

C. 以夫妻共同财产偿还

D. 先由甲偿还，甲的财产不够偿还时再由乙偿还

28. 周某与林某协议离婚时约定，孩子归女方林某抚养，周某每年给付1 000元抚养费。离婚后，因林某将孩子由姓周改姓林，周某就停止给付抚养费。因这一年年景不好，周某就将卖粮仅得的1 000元捐献给了希望工程，自己出去打工了。林某能请求法院撤销该赠与吗？(　　)

A. 不能，因为赠与物已经交付

B. 不能，因为是公益性捐赠

C. 不能，因为周某处分的是自己的合法财产

D. 能，因为周某逃避法定义务进行赠与

29. 我国的法定夫妻财产制属于(　　)。

A. 一般共同制　　B. 劳动所得共同制

C. 动产及所得共同制　　D. 婚后所得共同制

(一) 根据以下案例，回答30~36题：

35岁的王先生是一家律师事务所的合伙人，他的妻子今年30岁，是一家上市公司的人事主管。王先生的父亲已经过世，王先生的母亲和王先生的哥哥生活在一起，王先生夫妇还有一个5岁的女儿。王先生在一次车祸中不幸遇难，没有留下遗嘱，王先生一家的总财产价值为300万人民币。

30. 王先生的遗产应当按照(　　)方式继承。

A. 法定继承　　B. 协商继承

C. 抚养继承　　D. 推定继承

31. 王先生的第一顺序继承人中不包括(　　)。

A. 女儿　　B. 妻子

C. 哥哥　　D. 母亲

32. 第一顺序继承人一般按照(　　)标准划分遗产。

A. 长幼　　B. 经济收入

C. 关系亲疏　　D. 均等

33. 假设王先生夫妇没有夫妻财产协议，则王先生的遗产总额为(　　)万元。

A. 300　　B. 150

C. 100　　D. 200

34. 按照法律规定王先生的(　　)不会分得遗产。

A. 女儿　　B. 妻子

C. 哥哥　　D. 母亲

35. 如果你为王先生准备一份遗嘱的话，则你认为他的(　　)应获得较多的遗产。

A. 妻子　　B. 女儿

C. 哥哥　　D. 无法判定

36. 从上例中，可以获得的启示是(　　)。

A. 如果王先生投保意外险，就可以避免风险

B. 王先生应当及早对财产进行分配和传承规划

C. 王先生应当为妻子和女儿购买保险

D. 王先生不赡养老人

(二) 根据以下案例，回答 37 ~ 41 题：

王某（男）丧偶，两个儿子王甲、王乙，均已成家并各有一个儿子，与王某分开生活。一日，王某同长子王甲乘车外出，坠入山涧，王某不幸当场死亡，王甲经抢救无效，于当天晚些时候也死亡。王某有一笔财产，并且生前未留遗嘱。

37. (　　)不可以是王某的第一顺序继承人。

A. 王甲　　B. 王甲的儿子

C. 王甲的妻子　　D. 王乙的儿子

38. (　　)可以分得遗产。

A. 王甲的妻子　　B. 王某的弟弟

C. 王乙的妻子　　D. 王乙的儿子

39. 本案涉及(　　)关系。

A. 遗嘱继承　　B. 代位继承

C. 转继承　　D. 法定继承和遗嘱继承

40. 王甲的妻子和儿子各可以分得王某的遗产(　　)。

A. 1/2　　B. 1/4

C. 1/8　　D. 1/16

41. 若有证据证明王甲先于王某死亡，则(　　)。

A. 王甲的妻子继承王某遗产的 1/4

B. 王甲的儿子继承王某遗产的 1/4

C. 王甲的儿子继承王某遗产的 1/2

D. 王甲的妻子继承王某遗产的 1/2

（三）根据以下案例，回答 42 ~ 46 题：

韩某无子女，但有相当丰厚的家业。1982 年韩某收养了一个儿子，取名韩冬。1993 年 2 月，韩冬到外地工作，从此杳无音信。韩某感到这养子难以依靠，与其指望他养老送终，还不如和邻人签个遗赠扶养协议有保证。1994 年 3 月，在村委会有关领导的见证下，韩某与村民李大勇签定了合法有效的遗赠扶养协议。协议规定，李大勇负责韩某的生养死葬，在其离世后，其全部财产归李大勇所有。1995 年 7 月，韩某病危，此时又觉得自己那么多财产都归了李大勇有点太亏，忽然想起昔日知己牛传山现在生活潦倒，极需帮助，临死之前，倒不如给他留些财产。韩某便自书遗嘱一份，将其所有财产的一半赠给牛传山。同年 8 月 1 日，韩某谢世，李大勇依约处理了韩某的丧事。时过半月，牛传山手持遗嘱找到李大勇，要求接受遗赠，此时，韩冬也闻讯火速赶来要求继承遗产，三个人产生纠纷。

42. 本案的冲突不涉及(　　)关系。

A. 遗嘱继承　　B. 法定继承

C. 转继承　　D. 遗赠抚养

43. 以下说法正确的是(　　)。

A. 韩冬作为养子不享有法定继承权

B. 韩某的遗嘱中应当为韩冬留有遗产

C. 韩某的遗嘱是有效的

D. 韩某的遗赠扶养协议是有效的

44. 遗赠扶养协议的主体不可以为(　　)。

A. 国家　　B. 集体

C. 法定继承人　　D. 法定继承人以外的人

45. 当法定继承、遗嘱继承和遗赠扶养协议三者相互发生冲突时，适用顺序为(　　)。

A. 法定继承，遗嘱继承，遗赠扶养协议

B. 法定继承，遗赠扶养协议，遗嘱继承

C. 遗赠扶养协议，遗嘱继承，法定继承

D. 遗嘱继承，遗赠扶养协议，法定继承

46. 本案最后的处理结果，你认为正确的是(　　)。

A. 全部遗产由牛传山所有　　B. 全部遗产由韩冬所有

C. 全部遗产由李大勇所有　　D. 全部遗产由三个人均分

（四）根据以下案例，回答 47 ~ 52 题：

王某与张某育有二子，长子王甲，次子王乙。王甲娶妻李某，并于 1995 年生有一子王小甲。王甲于1999年5月遇车祸身亡。王某于2000年10月病故，留有与张某婚后修建的面积相同的房屋6间。王某过世后张某随儿媳李某生活，该6间房屋暂时由次子王乙使用。

2000年11月，王乙与曹某签订售房协议，以12万元的价格将该6间房屋卖给曹某。张某和李某知悉后表示异议，后因王乙答应取得售房款后在所有继承人间合理分配，张某和李某方表示同意。王乙遂与曹某办理了过户登记手续，曹某当即支付购房款5万元，并答应6个月后付清余款。曹某取得房屋后，又与朱某签订房屋转让协议，约定以15万元的价格将房屋卖给朱某。在双方正式办理过户登记及付款前，曹某又与钱某签订了房屋转让协议，以18万元的价格将房屋卖给钱某，并办理了过户手续。

47.(　　)不能获得王某的遗产。

A. 王小甲　　　　B. 李某

C. 王乙　　　　D. 张某

48. 关于王某留下的6间房屋如何分配，下列说法正确的是(　　)。

A. 张某、王乙、王小甲均分，每人2间

B. 张某、王乙均分，每人3间

C. 张某分得3间，王乙2间，王小甲1间

D. 张某分得4间，王乙、王小甲各分得1间

49. 王乙和曹某签订的合同(　　)。

A. 无效，因为他对房屋不享有全部的所有权

B. 无效，因为没有征得王小甲的同意

C. 有效，因为王小甲是未成年人，不必征得他的同意

D. 有效，该6间房虽属共有财产，但转让协议已经其他共有人张某及王小甲的监护人李某同意

50. 下列说法正确的是(　　)。

A. 曹某与朱某签订的合同有效

B. 曹某与钱某签订的合同无效

C. 朱某可以要求曹某履行合同

D. 该房屋的权属要经过法院确认

51. 如果张某过世后，(　　)不可以成为她的第一顺序继承人。

A. 李某　　　　B. 王乙

C. 王乙的妻子　　　　D. 李某和王乙

52. 如果在为王某治丧期间，王乙也因操劳过度而去世，那么(　　)是正确的。

A. 王乙应继承的部分只能由其儿子转继承

B. 王乙应继承的份额只能由其妻子转继承

C. 王乙应继承的份额由其妻子和儿子转继承

D. 王乙应继承的份额由其法定继承人转继承

（五）根据以下案例，回答 53～56 题：

王锋与刘青结婚 4 年后，生一子王达。王锋结婚后与父母（父亲早亡）分开生活。王锋因与刘青感情不和且离婚未果而与刘青分居，分居期间王锋盖有楼房 6 间。1995 年王锋外出到附近的一个城市打工，与打工妹陈莹相识并相好，并在当地教堂举行了婚礼，生有一女王莉。1998 年 6 月 6 日王锋与陈莹各出 10 万元购买了张明的 3 间私房，但未办登记过户手续。1999 年 4 月 8 日，王锋因心脏病发作死亡，临终前口头遗嘱将自己原有的 6 间房屋由其母谢兰继承（有 2 名医生在场）。

53. 王锋的口头遗嘱(　　)。

A. 有效，因为有两名见证人在场

B. 有效，因为是在紧急情况下

C. 无效，因为见证人要经过立遗嘱人的指定

D. 要经法院的判决才能确定

54. 王锋所建的 6 间房屋应如何继承？(　　)

A. 其中 3 间房屋归刘青所有；3 间房属王锋遗产，由王锋的继承人继承

B. 6 间房屋由谢兰、王达继承

C. 3 间房屋由刘青、谢兰、王达、陈莹继承

D. 6 间房屋由刘青、谢兰、王达继承

55. 对王锋与陈莹共同购买张明私房 3 间的定性表述中，下列选项中正确的是(　　)。

A. 王锋、陈莹与张明之间买卖房屋合同无效，因为未办理过户登记手续

B. 王锋、陈莹与张明之间的买卖房屋合同无效，因为王锋和陈莹之间不是合法的夫妻关系

C. 王锋与陈莹取得了该 3 间房屋的所有权，因为张明已将房屋交付

D. 王锋与陈莹未取得该 3 间房屋的所有权

56. 设王锋与陈莹购买张明私房 3 间办理了登记过户手续。就王、陈二人之间形成的法律关系的下列表述中(　　)是正确的。

A. 王锋与陈莹之间形成合伙关系

B. 王锋与陈莹之间形成共同共有关系

C. 王锋与陈莹之间形成按份共有关系

D. 王锋、陈莹之间形成债权债务关系

(六) 根据以下案例，回答 57～60 题：

2001 年 6 月 10 日，在认识 3 个月后，刘倩（女，21 周岁）和王刚（男，25 周岁）按照当地风俗习惯举行了婚礼便以夫妻名义共同生活，2003 年 10 月 20 日开始，两人开始分居生活。分居期间，刘倩的父亲去世，刘倩依照法定继承取得父亲 5 万元的遗产。2004 年 1 月 5 日，刘倩向当地人民法院起诉离婚。法院受理前，告知刘倩补办结婚登记，刘倩在规定的时间内没有补办登记手续。

57. 刘倩与王刚的关系为(　　)。

A. 事实婚姻　　B. 非法同居

C. 合法夫妻　　D. 由法院来认定

58. 刘倩与王刚共同生活期间所得的财产应当(　　)。

A. 按照夫妻共有财产处理

B. 按照二人的夫妻财产协议处理

C. 按照共同共有原则处理

D. 按照一般共有原则处理

59. 下列关于刘倩继承父亲 5 万元的说法，正确的是(　　)。

A. 父亲没有指明只给刘倩，因此是夫妻共有财产

B. 王刚可以请求分割

C. 是刘倩的个人财产

D. 王刚和刘倩平分

60. 以下说法正确的是(　　)。

A. 1994 年 2 月 1 日以前，男女双方未进行结婚登记同居的，按事实婚姻处理

B. 1994 年 2 月 1 日以后，男女双方符合结婚实质要件同居的，人民法院解除其同居关系

C. 1994 年 2 月 1 日以后，对于男女双方符合结婚实质要件同居的，人民法院不必告知其在案件受理前补办结婚登记

D. 1994 年 2 月 1 日以前，男女双方符合结婚实质要件，未进行结婚登记同居的，按事实婚姻处理

(七) 根据以下案例，回答 61～62 题：

罗某和张某（女）是夫妻关系，1980 年 5 月 13 日生有一子明明。1994 年罗某与张女离婚，明明由张某抚养。2000 年 8 月 10 日，在本地上大学的明明骑车外出，不慎将同学方方撞伤，花费医药费 5 000 元，本次事故明明负全部责任。

61. 下列有关方方医疗费的说法，正确的是(　　)。

A. 由明明承担

B. 应当由罗某和张某平均承担

C. 应当由罗某和张某连带承担

D. 就张某不能承担的部分，罗某与张某共同承担

62. 罗某的责任属于(　　)。

A. 连带责任　　B. 约定责任

C. 补充连带责任　　D. 经济帮助责任

(八) 根据以下案例，回答 63～65 题：

张某（男）与刘某 1995 年登记结婚，双方约定婚姻关系存续期间的财产归各自所有。1999 年 2 月，张某自筹资金从事经营活动。后因扩大经营规模，张某于 2000 年 12 月 20 日以个人名义向朋友董某借了 20 万元，双方约定借款期限 6 个月，但未向董某说明夫妻财产约定情况。2001 年 6 月 19 日债务履行期届满，董某向张某提出还款请求，张某因经营不善已无力清偿债务。

63. 夫妻财产约定对第三人的效力应当具备的条件中没有(　　)。

A. 财产范围限于婚姻关系存续期间所得的财产

B. 约定的财产权利归属为各自所有

C. 债务的性质为共同债务或者个人债务

D. 第三人不必知道该约定

64. 本案中董某的债权如何实现？(　　)

A. 只能向张某索要

B. 不管董某知不知道张某夫妇的约定，董某都可以向夫妻二人索要借款

C. 董某不知道张某夫妇的约定，则其可以向张某也可以向刘某索要

D. 刘某任何情况下都不必偿还

65. 以下属于夫妻个人债务的为(　　)。

A. 一方经对方同意资助与其没有抚养义务的亲朋所负的债务

B. 一方实施违法行为所欠的债务

C. 婚后为满足家庭共同生活而以个人名义所负债务

D. 夫妻一方或双方因医疗所负债务

(九) 根据以下案例，回答 66～70 题：

王某（男）与夏某（女）于 1995 年结婚。2000 年，王某用夫妻二人的积蓄以其个人名义与宋某合资成立了某服装有限责任公司。公司章程上记载的出资情况为，王某 55 万元，宋某 45 万元。2003 年 10 月，夏某以与王某感情不和为由提出离婚，并要求对包括某服装有限公司 55% 的股权在内的夫妻共同财产进行分割，但宋某不同意夏某成为股东。

66. 对夫妻共有财产中的股权进行分割时(　　)。

A. 按照一般夫妻共有财产进行分割

B. 只要符合《婚姻法》规定即可

C. 不能侵害公司的法人财产权

D. 股权是不能量化的，因此不能分割

67. 下列关于股权分割的说法正确的是(　　)。

A. 夫妻双方均为公司股东的情形下，股权分割要经过其他股东的一致同意

B. 夫妻仅以其中一人的名义作为股东参股，夫妻分割股份属于公司股东间的股份转让

C. 对共有财产中的股票可主要采取直接分割的方式

D. 婚前一方所有的股票在婚后的增值部分一概不属于夫妻共有财产

68. 对股权进行折价补偿应当(　　)。

A. 按照股东出资额来计算

B. 考虑公司的赢利状况

C. 不可以双方协商确定

D. 一般以股权所在公司当年每股的净资产额来确定

69. 关于本案例的说法正确的是(　　)。

A. 按照一般夫妻共有财产进行分割

B. 宋某可以行使优先购买权

C. 55%的股权不是夫妻共有财产

D. 宋某不行使优先购买权，该股权不能分割

70. 你认为本案应该(　　)。

A. 只要王某愿意，夏某可以作为股东参与公司管理

B. 夏某应该成为公司股东

C. 王某给予夏某与应分配给她的股权相等的经济补偿

D. 将股权一分为二，在王某和夏某间平均分配

(十) 根据以下案例，回答 71 ~ 73 题：

方某（男）与李某（女）于 1996 年 2 月登记结婚。2002 年 4 月，夫妇俩以俩人婚后的积蓄与张某合资成立了一家有限责任公司，公司章程上记载的出资情况为方某 50 万元，李某 20 万，张某 30 万元。双方离婚后，三方协商欲将公司解散，公司的财产以当初的出资额比例分割，即由方某取得公司财产的 50%，李某取得 20%，张某取得 30%。

71. 夫妻财产协议是(　　)形式。

A. 口头　　　　　　　　B. 必须是书面

C. 可以是口头，但要有见证人　　D. 可以是书面

72. 通过对本案的分析，下列(　　)正确。

A. 如果没有特别约定，公司章程上记载的出资情况是方某与李某对股权的财产分配协议

B. 如果没有特别约定，公司章程上记载的出资情况不是方某与李某对股权的财产分配协议

C. 股权不是夫妻共有财产

D. 股权分割的结果是方某取得公司财产的50%，李某取得20%

73. 本案最后的处理你认为是(　　)。

A. 方某、李某、张某重新分割股权

B. 方某、李某应当平均分割公司财产

C. 方某、李某应当平均分割由其二人所有的公司财产

D. 上述答案均错

（十一）根据以下案例，回答74、75题：

王某（男）的父母在其婚后出资为他购买了一套房产，他和妻子两人分文未出，但产权证上权利人一栏则记载王某和父母三人的姓名。

74. 以下说法正确的是(　　)。

A. 房子应该是王某父母的　　B. 王某妻子对房子没有权利

C. 王某父母的行为是赠与行为　　D. 该房子不属于夫妻共有财产

75. 关于本案的处理，你认为正确的是(　　)。

A. 房屋属于夫妻共有财产

B. 父母指明只赠与王某本人，那么房屋属于王某个人财产

C. 王某妻子只能主张房产中的1/3是夫妻共有财产

D. BC选择项正确

（十二）根据以下案例，回答76~78题：

张某与肖某（女）是夫妻，张某在结婚前就租了单位的一套公房居住，结婚后张某用夫妻积蓄出资买下了该套公房，但产权证上权利人的姓名登记为他的名字，现在夫妻俩离婚，该房屋如何分割？

76. 以下关于承租公房的说法错误的是(　　)。

A. 夫妻双方均可承租的公房而由一方承租的，承租方对另一方给予适当的经济补偿

B. 夫妻双方均可承租的公房，如其面积较大能够隔开分室居住使用的，可由双方分别租住

C. 公房租赁的租金，一般不按市场价格确定

D. 统筹公房是指由机关、国有企事业单位等自行经营，自行管理的公房

77. 关于本案的处理，你认为正确的是(　　)。

A. 该房屋不是夫妻共有财产

B. 该房屋为张某个人的财产

C. 该房屋为夫妻共同财产

D. 该房屋属于张某单位所有

78. 如果该房屋是张某婚前以个人财产单独购买的，婚后用积蓄购买为产权房的情形，则(　　)。

A. 该房屋是夫妻共有财产

B. 该房屋为张某个人的财产

C. 夫妻二人均分房产

D. 应当将婚前以张某财产购买的使用权部分确定为张某个人所有，剩余部分按共同财产分割

(十三) 根据以下案例，回答 79、80 题：

李某夫妻俩婚后购买了一套房屋，房产证上载明男方李某的财产份额为60%，女方贾某的财产份额为40%；现夫妻俩离婚，该房屋如何分割？

79. 下列关于房产证上载明内容的属性，说法正确的是(　　)。

A. 是夫妻财产约定　　B. 不能体现夫妻财产约定

C. 是夫妻财产协议的体现　　D. 以上答案均错

80. 房产应当以(　　)方式分割。

A. 夫妻均分　　B. 夫妻再行约定

C. 李某 60%，贾某 40%　　D. 法院确认

(十四) 根据以下案例，回答 81～86 题：

郑某（女）与丁某于 1998 年 6 月离婚，8 岁的儿子丁丁由父亲丁某抚养。2000 年 1 月，丁丁的外公去世，遗嘱中将 2 万元交给了丁丁，由丁某以丁丁名义存入银行。同年 5 月，丁某因做生意需要资金，把 2 万元存款从银行取出使用。郑某闻讯后即找到前夫丁某，要求把钱还给儿子丁丁。而丁某认为自己和郑某已经离婚，丁丁由自己抚养，因此郑某根本没有权利干涉自己和儿子的事，况且作为丁丁的监护人和抚养人，自己完全有权利处置儿子的财产。

81. 下列(　　)对丁丁有监护权。

A. 郑某　　B. 丁某

C. 郑某和丁某　　D. 无法确定

82. 丁丁对 2 万元的继承属于(　　)。

A. 代位继承　　B. 转继承

C. 遗嘱继承　　D. 法定继承

83. 丁某在(　　)情况下可以使用2万元。

A. 任何情形下都不可以　　B. 做生意需要

C. 家庭财务紧张　　D. 为了丁丁的利益

84. 郑某有没有权利对丁某的行为提出异议(　　)。

A. 没有，因为她不是丁丁的监护人

B. 没有，因为她不是丁丁的抚养人

C. 有，因为她是丁丁的监护人

D. 有，因为这是她父亲的遗产

85. 本案例对你的启示是(　　)。

A. 一定要争夺子女的监护权

B. 一定要争夺子女的抚养权

C. 尽量不要离婚，以避免纷争

D. 要提早进行规划，以避免这样的纠纷出现

86. 如果让你对本案进行规划，你认为(　　)可以避免类似纠纷。

A. 郑某与丈夫订立一份详细的协议

B. 郑某的父亲为丁丁设立遗嘱信托

C. 郑某的父亲将钱交给郑某管理

D. 郑某的父亲以丁丁为受益人买保险

87. 张男和刘女想去办理夫妻财产公证，下列(　　)正确。

A. 夫妻财产约定一经公证对任何人都发生效力

B. 可以通过夫妻财产协议逃避张男对外的欠债

C. 夫妻财产协议主要适用《合同法》

D. 夫妻之间要尽量避免直接对特定的某项具体财产进行约定

88. 张男和刘女想去办理夫妻财产公证，下列(　　)项错误。

A. 必须双方亲自到公证处申请

B. 申请公证的财产约定协议书必须由张男和刘女亲自书写

C. 婚后夫妻财产约定应提供结婚证或者其他夫妻关系证明

D. 要带上被约定财产的所有权证及其他证明

89. 接上题需要公证的约定可以是(　　)。

A. 张男在癫痫病发作时签订的

B. 刘女迫于张男的威胁签订的

C. 在结婚后签订的

D. 张男和刘女同居期间签订的

90. 接上题张男夫妇二人公证时不需要(　　)。

A. 提交夫妻双方的身份证明

B. 婚后夫妻财产约定，二人要分别发表无配偶的声明

C. 双方亲自到公证处申请

D. 提交被约定财产的所有权证明

(十五) 根据以下案例，回答 91～100 题：

刘志是商人，常年在外地做生意，刘太太和他已经结婚 5 年，一直在家中照顾老人和料理家务，两人有一个 10 岁的儿子和一个 5 岁的女儿，刘太太担心丈夫在外另有新欢会和自己离婚，也担心一旦离婚自己生活没有保障，因此想做一个理财规划。

91. 以下(　　)方式，刘太太不能使用。

A. 将自己掌握的财产偷偷转走

B. 让丈夫给自己买足够的保险

C. 和丈夫签订夫妻财产协议

D. 学习一门技术，出去就业

92. 如果要制定一份财产分配规划，下面说法正确的是(　　)。

A. 不必考虑子女抚养费的支付

B. 不必考虑父母赡养费的支付

C. 一定要注意债务的清偿要约定清楚

D. 如果签订了夫妻财产协议，只要约定清楚，夫妻之间的债务就可以各自承担

93. 下列(　　)不是夫妻财产分配规划的工具。

A. 夫妻财产协议　　B. 夫妻财产协议公证

C. 法院的判决　　D. 信托

94. 作为理财规划师你认为(　　)方式可以完全打消刘太太的顾虑。

A. 夫妻财产协议　　B. 信托

C. 夫妻财产协议公证　　D. 由法院来主持分配

95. 下列(　　)不可以作为刘太太所设立信托的受托人。

A. 自己患间歇性精神病的舅舅

B. 邻居家 17 周岁但已经参加工作的小王

C. 某信托投资公司

D. 某商业银行个人理财中心

96. 婚姻家庭信托的意义不包括(　　)。

A. 防范家庭风险　　B. 减少家庭损失

C. 保障家庭基本生活　　　　　　　　D. 家庭财产增值

97. 婚姻家庭信托的主体不包括(　　)。

A. 委托人　　　　　　　　　　　　　B. 受托人

C. 监管人　　　　　　　　　　　　　D. 受益人

98. 如果刘志和太太离婚，刘太太要求刘志一次性支付扶养费，而刘志又担心太太没有管理财产的能力将财产挥霍，这时他最好(　)。

A. 坚决按照自己的想法分次支付

B. 按照自己的想法每月支付

C. 拒不支付

D. 设立离婚扶养费支付信托

99. 如果离婚后，女儿跟随刘太太生活，刘志支付女儿抚养费的做法最好采用(　　)。

A. 将抚养费一次性交给刘太太　　　B. 将抚养费一次性交给女儿

C. 设立子女教育信托支付　　　　　D. 女儿需要随时给

100. 刘志通过设立信托，可以在自己遭受商业风险时，家庭经济能力不会受到影响，这是利用了信托的(　　)特性。

A. 财产的独立性　　　　　　　　　B. 受托人的专业性

C. 受托人的独立性　　　　　　　　D. 制度的复杂性

101. 张某和刘某（女）协议离婚，已经达成离婚协议，但在办理离婚手续期间，张某出车祸去世，下列说法正确的是(　　)。

A. 离婚协议无效

B. 刘某依然可以张某配偶的身份继承张某的遗产

C. 刘某不再是张某的继承人

D. 刘某不能分得张某的遗产

102. 张某和刘某（女）是夫妻，已经向法院起诉离婚，法院做出离婚判决后的第3天（上诉期限为15天），张某去世，那么(　　)。

A. 离婚判决生效

B. 张某和刘某解除夫妻关系

C. 刘某不能继承张某的财产

D. 刘某依然可以张某配偶的身份继承张某的遗产

103. 张某和刘某（女）是夫妻，因为感情不和已经分开居住两年，以下说法中正确的有(　　)。

A. 刘某不幸去世的话，张某不能继承遗产

B. 分居期间张某买的汽车为他个人的财产

C. 张某不幸去世，刘某仍然可以配偶身份继承张某的遗产

D. 以上答案均错误

(十六) 根据以下案例，回答 104 ~ 114 题：

程忠和王梅夫妇俩有三个儿子，程强、程广、程胜，其中程强已经成家，程胜大学刚毕业，程广在 6 岁时得了一场疾病，造成脑瘫，一直跟随程忠在农村的弟弟程发生活，1999 年 4 月，因为与父亲发生口角，程胜在本地报纸上刊登了和父亲脱离父子关系的声明后到外地打工，从此和家里失去联系。2003 年程忠老人突发心脏病去世，老人没有留下遗嘱，闻讯赶回来的程胜在料理完丧事之后，要求分割遗产，经过查证老人家里的财产总值共有 200 万元。

104. 程忠老人的遗产要按照(　　)原则来处理。

A. 遗嘱继承　　B. 转继承

C. 法定继承　　D. 代位继承

105. 下列说法正确的是(　　)。

A. 程强认为程胜已经登报声明和父亲脱离父子关系，因此其没有继承权

B. 程发认为自己一直代哥哥抚养程广，应当也有权继承遗产

C. 程广是无行为能力人，因此不享有继承权

D. 程广可以适当多分遗产

106. 程忠的第一顺序继承人为(　　)。

A. 王梅、程强、程胜、程发　　B. 王梅、程强、程胜、程广

C. 程发、程强、程胜、程广　　D. 王梅、程强、程胜

107. 程忠的第二顺序继承人为(　　)。

A. 王梅　　B. 程胜

C. 程发　　D. 程广

108. 以下关于程忠遗产的分配正确的是(　　)。

A. 王梅、程强、程广、程胜均分，每人 50 万元

B. 程广可以不分

C. 程胜可以适当少分

D. 王梅、程强、程广、程胜均分，每人 25 万元

109. 如果继承人均分的话，王梅最后的财产总计(　　) 万元。

A. 25　　B. 50

C. 125　　D. 100

110. 如果继承人对财产分配后，家人在收拾物品时发现了程忠老人在 2002 年设立的一份公证遗嘱，遗嘱中对财产作了安排，规定不分给程胜遗产，程广得遗产的 40%，剩下的 60% 在王梅、程发、程强之间均分。那么(　　)。

A. 遗产已经分割完毕，遗嘱无效

B. 遗嘱继承优于法定继承，应当按照遗嘱重新进行分配

C. 程广得到 80 万元

D. 程忠不给程胜遗产的内容无效

111. 由于程广是无行为能力人，由其监护人程发代其管理，下列程发的行为正确的是(　　)。

A. 程发用程广的钱在城里购买了一套商品房给自己的儿子

B. 程发经营的小卖部资金周转出现问题，暂时从程广的遗产中拿了 10 万元

C. 程发以程广的名义捐助希望小学 10 万元

D. 程发带程广到大医院做了一次全面体检，共花费 3 000 元

112. 为了更好地保护程广的利益，避免出现上述侵害其权益的情况，程忠最好(　　)。

A. 在遗嘱中明确任何人不能损害程广的利益

B. 对遗嘱进行公证

C. 请居民委员会的负责人作遗嘱执行人

D. 生前设立遗嘱信托

113. 下列关于遗嘱信托的说法，错误的是(　　)。

A. 遗嘱信托可以是口头形式

B. 遗嘱信托在委托人过世后生效

C. 遗嘱信托可以避免因遗产分配产生的纷争

D. 遗嘱信托可以实现财产永续传承

114. 这个案例给我们的启示不包括(　　)。

A. 遗产要及早规划，否则会引起家庭纠纷

B. 财产传承规划要考虑的因素有很多

C. 按照法律直接规定也可以实现财产传承，没有必要进行传承规划

D. 信托是财产传承的最佳工具

（十七）根据以下案例，回答 115 ~ 130 题：

崔明，男，是一家国企的人事主管，父母健在，还有一个 15 岁的弟弟崔斌和父母生活在一起。1999 年 10 月，崔明与高丽结婚，2002 年在一次外出郊游时，崔明不幸坠崖身亡，而高丽当时已经怀孕 7 个月。经查，崔明的家庭财产包括 30 万元银行存款，市价 70 万元的房子（该房子为崔明在结婚前以按揭方式购买的，购买时价值为 50 万元，首付 30 万元，2001 年底夫妻二人才将所有房款交完，包括本金 20 万元和利息及其他费用 6 万元，并拿到产权证，产权证上的权利人登记为崔明)，20 万元的汽车，还有家电等其他财产共 10 万元。

115. 如果崔明生前没有留遗嘱，那么其遗产就按照(　　)的原则处理。

A. 法定继承　　B. 遗赠继承

C. 转继承　　D. 代位继承

116. 按照法定继承，崔明的第一顺序继承人不包括(　　)。

A. 高丽　　B. 崔明的父亲

C. 崔明的母亲　　D. 崔斌

117. 崔明购买的房子属于(　　)。

A. 崔明和高丽的夫妻共有财产，因为是在结婚后才取得房产证

B. 崔明和高丽的夫妻共有财产，因为其中有夫妻二人共同还贷部分而且也是夫妻二人共同使用的

C. 崔明的个人财产，因为产权证上是崔明的名字

D. 崔明的个人财产，因为是其个人在婚前按揭购买的

118. 如果没有夫妻财产协议，在对崔明的遗产进行分割前，要进行的工作中不包括(　　)。

A. 对遗产范围进行界定

B. 对夫妻财产进行分析

C. 将属于妻子的财产分离出去

D. 询问各个继承人对遗产分割的意见

119. 从价值上界定，下列不属于崔明遗产的是(　　)。

A. 1/2 的银行存款　　B. 1/2 借朋友的 5 万元

C. 1/2 的车子　　D. 1/2 的其他财产

120. 崔明的遗产总额为(　　) 万元。

A. 65　　B. 100

C. 53　　D. 80

121. 可分得崔明遗产的人为(　　)。

A. 崔明的父亲、崔明的母亲、高丽

B. 崔明的父亲、崔明的母亲、高丽、崔斌

C. 崔明的父亲、崔明的母亲、高丽、未出生的孩子

D. 崔明的父亲、崔明的母亲、高丽、未出生的孩子、崔斌

122. 如果崔明未出生的孩子可以分得崔明遗产的话，说明(　　)。

A. 基于照顾弱小的原则

B. 基于法律对胎儿必留份的规定

C. 基于法定第一顺序继承人的身份

D. 违反法律的规定

123. 按照一般原则，下列关于崔明遗产的分配，说法正确的是（　　）。

A. 崔明的父母得到 1/3 的遗产

B. 崔明的妻子得到 1/4 的遗产

C. 崔斌可以适当分得遗产

D. 未出生的孩子得到 1/3 的遗产

124. 如果孩子出生时已经死亡的话，那么孩子的遗产份额应当（　　）。

A. 由高丽获得

B. 由崔明父母、高丽协商或者均分

C. 由崔明父母获得

D. 由崔斌获得

125. 如果孩子出生一小时后死亡，那么孩子的遗产份额应当（　　）。

A. 由高丽获得　　B. 由崔明父母、高丽均分

C. 由崔明父母、高丽协商分割　　D. 由崔斌获得

126. 高丽获得（　　）万元遗产。

A. 43.5　　B. 16.25

C. 20　　D. 25

127. 根据题目所示，高丽所有的财产共有（　　）万元。

A. 43.5　　B. 70

C. 13.25　　D. 25

128. 在 124 题的条件下，高丽所有的财产约共有（　　）万元。

A. 50　　B. 20

C. 31　　D. 77

129. 在 125 题的条件下，高丽所有的财产约共有（　　）万元。

A. 90　　B. 62.75

C. 31.5　　D. 44.25

130. 关于在我国开展财产传承规划的目标说法错误的是（　　）。

A. 为受赡（扶）养人留下足够的生活资源

B. 逃避遗产税

C. 家庭特殊资产的继承

D. 为有特殊需要的受益人提供遗产保障

（十八）根据以下案例，回答 131～134 题：

韦莉与叶诚原系夫妻关系，2002 年 6 月，双方通过法院自愿达成离婚协议，约定长子小亮（10 周岁）、次子小俊（7 岁）、小春（5 岁）由韦莉抚养。2002 年 9 月 17 日，长子小亮在其父处玩耍时，叶诚与韦莉发生争抢孩子的纠纷。

131. 离婚时解决子女抚养问题的总原则不包括(　　)。

A. 利于子女身心健康

B. 保障子女的合法权益

C. 经济能力较强的优先

D. 结合父母双方的抚养能力和抚养条件等具体情况妥善解决

132. 法律规定离婚时不足(　　)子女一般随(　　)生活。

A. 2 周岁，母方　　B. 3 周岁，母方

C. 2 周岁，父方　　D. 3 周岁，父方

133. 10 周岁以上的未成年子女，在父母离婚时可以(　　)。

A. 自由选择随谁生活

B. 意见不会被考虑

C. 完全由法院决定随谁生活

D. 由法院在父母具备特定条件时考虑其个人意见

134. 关于本案的说法，正确的是(　　)。

A. 法院应当征求三个孩子的意见

B. 法院只需根据双方的经济实力来判定

C. 法院应当根据综合因素来做出判定

D. 法院不用考虑任何孩子的意见就可以做出判决

135. 小童在出生后就被收养，但在成年知道自己的身世后，小童也一直与生父母保持着联系，后来生父去世，下列说法正确的是(　　)。

A. 小童按照法律规定可以取得生父遗产

B. 小童可以按照生父的遗嘱取得其遗产

C. 小童不可以取得生父的遗产

D. 经过生父母亲属的同意，小童可以取得生父的财产

(十九) 根据以下案例，回答 136～141 题：

张堂，男，60 岁，崔华，女，55 岁，二人均早年丧偶，张堂的儿子张小波，今年 23 岁，大学毕业刚参加工作，和父亲分开居住，崔华身边有一个女儿玲玲，今年 15 岁，上高一。1999 年张堂与崔华经人介绍结合，婚后张堂、崔华、玲玲在一起生活。2000 年，张小波发生车祸去世。

136. 玲玲与张堂、张小波与崔华的关系为(　　)。

A. 养子女和养父母　　B. 继子女和继父母

C. 亲生子女和亲生子女　　D. 法律没有规定

137. 玲玲与张堂的关系是(　　)。

A. 形成事实上的抚养关系　　B. 仅仅是直系姻亲关系

C. 无任何关系　　D. 法律没有规定

138. 张小波与崔华(　　)。

A. 形成事实上的抚养关系　　B. 仅仅是直系姻亲关系

C. 无任何关系　　D. 与玲玲和张堂的关系一样

139. 张小波与玲玲(　　)。

A. 形成事实上的抚养关系　　B. 是直系姻亲关系

C. 是旁系血亲关系　　D. 是旁系姻亲关系

140. 以下说法正确的是(　　)。

A. 崔华是张小波的第一顺序继承人

B. 玲玲是张小波的第二顺序继承人

C. 张堂是张小波的第一顺序继承人

D. 张小波的遗产在张堂和崔华之间均分

141. 假设上例中，不幸去世的是张堂，那么(　　)。

A. 张堂的第一顺序继承人为崔华、张小波

B. 张堂的第一顺序继承人为崔华、张小波、玲玲

C. 张堂的第一顺序继承人为崔华

D. 张堂的第一顺序继承人为张小波

142. 以下关于父母子女关系的说法中正确的是(　　)。

A. 养父母离婚，养父母与养子女间的权利义务消除

B. 生父母对其非婚生子女是无条件地享有继承权

C. 养兄弟姐妹是一种拟制的旁系血亲关系

D. 继兄弟姐妹是一种拟制的旁系血亲关系

(二十) 根据以下案例，回答 143 ~ 146 题：

刘甲夫妇生有一子刘乙，一女刘丙。两个孩子先后成家，刘丙嫁给张某。后刘甲夫妇患病失去劳动能力，搬到刘丙家同女儿一块生活。1990 年刘丙因车祸不幸身亡，刘乙拒绝将刘甲夫妇接回家，并不给付刘甲夫妇生活费。张某强忍失妻之痛，坚持赡养岳父母，自己承担起全部家务。1993 年，刘甲夫妇双双离开人世。

143. 按照法律规定(　　)是张甲夫妇的第一顺序继承人。

A. 刘乙、刘丙

B. 刘乙、刘丙、刘丙的子女

C. 刘丙、张某、刘丙的子女

D. 刘乙、张某、刘丙的子女

144. 以下说法正确的是(　　)。

A. 儿媳、女婿与公婆、岳父母之间属于拟制血亲关系

B. 丧偶儿媳、女婿是公婆、岳父岳母的第一顺序继承人

C. 姻亲之间没有法定的权利和义务

D. 儿媳、女婿与公婆、岳父母之间有相互继承的权利

145. 以下说法属于认定丧偶儿媳、女婿对公婆、岳父母赡养义务的标准是（　　）。

A. 仅对老人进行精神上的抚慰

B. 对老人的赡养时有时无

C. 对老人进行了生活上、经济上的照料和精神上的抚慰

D. 只在老人生活困难时援助

146. 关于本案的认定，下列说法错误的是（　　）。

A. 继承人之间应当均分

B. 张某可以适当多分刘甲夫妇的遗产

C. 可以少分给刘乙遗产

D. 可以不分给刘乙遗产

（二十一）根据以下案例，回答147～150题：

石某是位画家，1999年因病去世，留下一批珍贵字画和一套住房等，价值达百万元。其生前先后立有两份遗嘱，一份自书遗嘱，将其珍藏的字画交给自己的徒弟；后一份公证遗嘱，将住房一套留给一直跟随自己生活的残疾的弟弟。石某惟一的儿子对遗嘱有异议，在其父过世后，将其父留下的字画拿走，引起了纠纷。

147. 关于石某的遗嘱，下列说法正确的是（　　）。

A. 两份遗嘱都无效

B. 两份遗嘱都有效

C. 自书遗嘱有效、公证遗嘱无效

D. 自书遗嘱无效、公证遗嘱有效

148. 与遗嘱的有效要件不符合的是（　　）。

A. 立遗嘱人可以是限制民事行为能力人

B. 受胁迫、欺骗所设立的遗嘱无效

C. 伪造的遗嘱无效

D. 遗嘱中所处分的财产须为遗嘱人的个人财产

149. 如果本案中，石某在生前将字画设立信托，交给专业机构管理，那么（　　）。

A. 信托行为有效　　　　B. 自书遗嘱有效

C. 公证遗嘱有效　　　　　　　　　D. 公证遗嘱无效

150. 关于本案的认定，下列说法错误的是(　　)。

A. 徒弟获得石某的字画是一种遗赠关系

B. 石某也可以不留给弟弟遗产

C. 石某可以不留给自己儿子遗产

D. 石某儿子应当将取走的字画归还

二、多项选择题

151. 甲（男）和乙领取了结婚证但尚未同居，下列说法(　　)是错误的。

A. 其婚姻关系尚未成立

B. 可通过申请撤销婚姻登记而解除婚姻关系

C. 向婚姻登记机关送交结婚证，婚姻关系即可解除

D. 必须办理离婚手续，才能解除婚姻关系

E. 只能向人民法院起诉离婚

（二十二）根据以下案例，回答 152、153 题：

王某与周某结婚时签订书面协议，约定婚后所得财产归各自所有。周某婚后即辞去工作在家奉养公婆，照顾小孩。王某长期在外地工作，后与李某同居，周某得知后向法院起诉要求离婚。

152. 周某的(　　)请求可以得到法院的支持。

A. 由于自己为家庭生活付出较多义务，请求王某予以补偿

B. 由于自己专门为家庭生活操持，未参加工作，请求法院判决确认双方约定婚后所得归各自所有的协议显失公平，归于无效

C. 由于离婚后生活困难，请求王某给予适当帮助

D. 由于王某与他人同居导致双方离婚，请求王某给予损害赔偿

E. 由于自己经济能力有限，不承担子女的抚养义务

153. 下列关于王某和李某的关系，说法正确的是(　　)。

A. 王某与李某属于事实婚姻

B. 王某和李某是非法同居关系

C. 如果王某和李某生一孩子，这个孩子与王某是拟制血亲的关系

D. 王某和李某同居期间的财产按照夫妻共有财产的原则划分

E. 王某和李某同居期间的财产按照一般共有财产划分

154. 陈某 1988 年从部队转业，半年后与李某结婚，结婚时李某购置了一套家具。1994 年陈某创作长篇小说《军人》。1999 年李某得知 1986 年陈某的姑妈去

世遗留陈某一套私房，一直由陈某的父母居住。根据以上情况，陈、李二人的夫妻共同财产包括(　　)。

A. 陈某的转业费

B. 李某所购置的家具

C. 出版小说《军人》所得的稿费

D. 陈某姑妈遗留的房屋

E. 婚后陈某买给李某的钻戒

155. 王某与赵某2000年5月结婚。2001年7月，王某出版了一本小说，获得20万元的收入。2002年1月，王某继承了其母亲的一处房产。2002年2月，赵某在一次车祸中，受重伤，获得6万元赔偿金。在赵某受伤后，有许多亲朋好友来探望，共收礼1万多元。对此，下列(　　)表述是正确的。

A. 王某出版小说所得的收入归夫妻共有

B. 王某继承的房产归夫妻共有

C. 赵某获得的6万元赔偿金归赵某个人所有

D. 赵某接受的礼品归赵某个人所有

E. 王某的国家科研经费归夫妻共有

156. 甲与乙离婚并达成协议：婚生男孩丙（3岁）由乙（女方）扶养，如双方中一方再婚，丙则由另一方扶养。后乙在丙6岁时再婚，甲去乙家接丙回去扶养，乙不允。甲即从幼儿园将丙接回，并电话告知乙。为此，双方发生争执，诉至法院。下列有关论述正确的有(　　)。

A. 甲、乙均为丙的监护人

B. 乙的行为是违约行为，受合同法制约

C. 甲欲行使对丙的扶养权，应通过诉讼程序解决

D. 甲、乙的协议违反了法律

E. 甲和乙的合同是有效的

(二十三) 根据以下案例，回答157～159题：

田某死后留下五间房屋、一批字画以及数十万元存款等遗产。田某生三子一女，长子早已病故，留下二子一女。就在两个儿子和一个女儿办理完丧事协商如何处理遗产时，小儿子因交通事故身亡，其女儿刚满周岁。

157. 田某的上述亲属中(　　)可作为第一顺序继承人继承他的遗产。

A. 二儿子和女儿　　B. 小儿子

C. 小儿子之女　　D. 大儿子之子女

E. 长子的妻子

158. 按照一般原则对遗产进行分割，以下说法正确的是(　　)。

A. 长子的儿女可以各分得遗产的1/5

B. 长子的儿女共分得遗产的1/5

C. 小儿子的妻子也可以分得遗产

D. 改嫁后失去联系的大儿子的妻子也可以分得遗产

E. 小儿子的女儿可以适当多分田某的遗产

159. 本例中涉及的继承关系有(　　)。

A. 遗嘱继承　　B. 法定继承

C. 转继承　　D. 代位继承

E. 以上答案都包括

(二十四) 根据以下案例，回答160、161题：

梁某已80多岁，老伴和子女都已过世，年老体弱，生活拮据，欲立一份遗赠扶养协议，死后将三间房屋送给在生活和经济上照顾自己的人。梁某的外孙子女、侄子、侄女等都争着要做扶养人。

160. 这些人中(　　)可以作遗赠扶养协议的扶养人。

A. 外孙子女　　B. 侄子

C. 侄女　　D. 干儿子

E. 孙子女

161. 遗赠扶养协议在和其他遗产继承方式并存时，下列说法错误的是(　　)。

A. 遗嘱优先、遗赠次之、遗赠扶养协议再次、法定继承最后

B. 遗嘱和遗赠优先、遗赠扶养协议再次、法定继承最后

C. 法定继承优先、遗嘱和遗赠次之、遗赠扶养协议最后

D. 遗嘱和遗赠次之、法定继承最后、遗赠扶养协议最后

E. 遗赠扶养协议、遗嘱和遗赠次之、法定继承最后

(二十五) 根据以下案例，回答162、163题：

甲有二子乙、丙，甲于1996年立下遗嘱将其全部财产留给乙。甲于2004年4月死亡。经查，甲立遗嘱时乙17岁，丙14岁，现乙、丙均已工作。

162. 遗嘱的有效条件为(　　)。

A. 遗嘱人须有遗嘱能力

B. 遗嘱须是遗嘱人的真实意思表示

C. 遗嘱不能取消缺乏劳动能力又没有生活来源的继承人的继承权

D. 遗嘱中所处分的财产须为遗嘱人的个人财产

E. 遗嘱不能违反社会公共利益和社会公德

163. 关于甲的遗产处理说法错误的是(　　)。

A. 乙、丙各得 1/2　　B. 乙得 2/3，丙得 1/3

C. 乙获得全部遗产　　D. 丙获得全部遗产

E. 按照法定继承处理

(二十六) 根据以下案例，回答 164～186 题：

张某担心自己去世后，三个儿子会因为自己的遗产而产生纠纷，于是，便于 2002 年 3 月自己写了一份遗嘱，并到公证机关去做了公证，后来，他又担心儿子们不会按照遗嘱执行，于是在 2002 年 6 月他又重写了一份遗嘱，并在其中指出让自己朋友的儿子王律师来充当遗嘱执行人，监督遗嘱的执行。2003 年 9 月，他无意中听到有理财规划师在为客户制订财产传承规划，因此，他来到一家理财规划机构，就自己的财产传承事宜向专业的理财规划师进行咨询。

164. 你认为理财规划师应当首先做(　　)工作。

A. 制订财产传承规划

B. 指导助理理财规划师向张某收集其财产传承规划信息

C. 了解张某的需求并帮助其确定传承规划的目标

D. 向张某介绍财产传承规划的工具及其功能

E. 对有关信息进行分析

165. 一般制订财产传承规划的原则为(　　)。

A. 保证财产传承规划的可变通性

B. 财产传承规划的随意性

C. 确保财产传承规划的现金流动性

D. 财产传承规划的格式化

E. 财产传承规划的同一性

166. 常见的遗产规划的目标有(　　)。

A. 为受赡（扶）养人留下足够和适当的生活资源

B. 为有特殊需要的受益人提供遗产保障

C. 保护受益人的养老金获取资格

D. 非遗产性资产的继承

E. 满足客户的其他慈善需要

167. 影响客户遗产规划变动的常见事实有(　　)。

A. 遗产继承　　B. 房地产的出售

C. 结婚或离异　　D. 亲友身患重病

E. 子女出生

168. 下列遗嘱形式中，须有见证人在场见证方为有效的遗嘱是(　　)。

A. 录音遗嘱　　B. 自书遗嘱

C. 口头遗嘱　　　　　　　　　　D. 代书遗嘱

E. 公证遗嘱

169. 关于张某的两份遗嘱，下列说法正确的是(　　)。

A. 2002 年 3 月的遗嘱有效　　　　B. 2002 年 3 月的遗嘱无效

C. 2002 年 6 月的遗嘱无效　　　　D. 2002 年 6 月的遗嘱有效

E. 两份遗嘱均有效

170. 如果张某想使其第二份遗嘱有效，则下列理财规划师的意见错误的是(　　)。

A. 邀请两个以上见证人见证

B. 公开申明撤销第一份遗嘱

C. 向公证机关申请公证

D. 撕毁自己手里的第一份遗嘱

E. 以上答案都可以

171. 下列关于遗嘱撤销和修订的说法，正确的是(　　)。

A. 撤销后没有设立新的遗嘱的，前一个遗嘱依然有效

B. 遗嘱人生前的行为如果与遗嘱内容相抵触的，推定遗嘱人对遗嘱作了修订、撤销

C. 遗嘱人故意销毁遗嘱的，推定为遗嘱人撤销遗嘱

D. 遗嘱的修订、撤销不适用代理，只能由遗嘱人亲自实施

E. 遗嘱人对遗嘱的修订和撤销只能采取明确表示的方式

172. 张某想选择遗嘱执行人，其可以通过(　　)方式确定。

A. 在遗嘱中指定遗嘱执行人

B. 由张某生前聘请，不需任何证明

C. 由法定继承人担任遗嘱执行人

D. 不用指定，遗嘱人生前所在的单位或继承发生地点的基层组织就可以充当遗嘱执行人

E. 指定的专业机构和专业人士充当遗嘱执行人

173. 遗嘱执行人应当(　　)。

A. 查明遗嘱是否合法真实

B. 清理遗产

C. 管理遗产

D. 按照遗嘱内容执行遗赠和将遗产最终转移给遗嘱继承人

E. 为了更好地管理遗产，将遗产转到自己名下

174. 遗嘱对于遗嘱人的意义在于(　　)。

A. 是法律对公民财产所有权予以全面保护的最佳体现
B. 有利于发挥家庭养老育幼的功能
C. 有利于减少和预防纠纷
D. 是风险最小的财产传承工具
E. 以上答案都正确

175. 遗嘱的不足体现在( )。
A. 有被推翻的可能性
B. 遗嘱中指定子女的监护人不愿意充当监护人
C. 遗嘱中指定子女的监护人侵害被监护人利益
D. 遗嘱仍然不可以有效防止家庭纠纷的发生
E. 遗嘱一无是处

176. 遗嘱执行人设立的不足是( )。
A. 遗嘱执行人对遗产没有直接的控制能力
B. 遗嘱执行人对遗嘱不能强制执行
C. 遗嘱执行人有可能损害继承人的利益
D. 遗嘱执行人丧失行为能力后将形同虚设
E. 遗嘱执行人不能有效降低遗产所面临的风险

177. 为了更好地实现立遗嘱人的意愿，理财规划师可以建议张某选择信托，下列关于遗嘱信托的说法正确的是( )。
A. 遗嘱信托可以安全地实现财产传承
B. 遗嘱信托可以避免因遗产产生的纷争
C. 遗嘱信托可以通过遗嘱或者合同的形式
D. 遗嘱信托就可以解决遗产共有不易处分的缺点
E. 遗嘱信托的受托人可以是委托人信赖的任何人

178. 张某想让理财规划师帮其制订一份遗产规划，一般的程序有( )。
A. 在他的个人遗嘱中明确自己要设立遗嘱信托
B. 选择符合法律规定的受托人
C. 受托人进行财产登记
D. 受托人确定投资或者管理计划
E. 受托人确定分配方案

179. 对于张某的人寿保险，理财规划师的建议正确的是( )。
A. 人寿保险产品在财产传承规划中也起着很大的作用
B. 人寿保险影响客户遗产的总值
C. 人寿保险赔偿金在任何情况下都不可以作为遗产

D. 人寿保险的保障功能在保险赔偿金交给受益人后弱化

E. 人寿保险信托是一种单独的产品

180. 人寿保险信托主要的功能有(　　)。

A. 财产风险隔离

B. 专业财产管理

C. 家庭生活保障

D. 规避经营风险

E. 更好地实现投保人的投保目的

181. 下列关于财产传承规划的步骤顺序不正确的是(　　)。

A. 审核客户财产的权属证明原件，计算和评估客户的遗产，根据客户意愿分析财产传承规划工具，制定财产传承方案，交付客户，调整客户财产传承规划方案

B. 计算和评估客户的遗产，审核客户财产的权属证明原件，根据客户意愿分析财产传承规划工具，制定财产传承方案，交付客户，调整客户财产传承规划方案

C. 审核客户财产的权属证明原件，计算和评估客户的遗产，根据客户意愿分析财产传承规划工具，调整客户财产传承规划方案，制定财产传承方案，交付客户

D. 根据客户意愿分析财产传承规划工具，审核客户财产的权属证明原件，计算和评估客户的遗产，制定财产传承方案，交付客户，调整客户财产传承规划方案

E. 计算和评估客户的遗产，审核客户财产的权属证明原件，根据客户意愿分析财产传承规划工具，调整客户财产传承规划方案，制定财产传承方案，交付客户

182. 财产传承工具主要有(　　)。

A. 遗嘱　　B. 遗嘱信托

C. 人寿保险　　D. 财产转让合同

E. 财产赠与合同

183. 理财规划师在对遗产价值进行计算和评价时要注意(　　)。

A. 遗产价值计算不要根据其购买时的支付价格

B. 不要遗漏某些容易被忽略的资产和负债项目

C. 客户的临终医疗费用不能算入遗产的负债

D. 遗产现值和终值的计算

E. 遗产评估机构的选择

184. 张某希望理财规划师能为其草拟一份遗嘱信托合同，下列说法正确的是(　　)。

A. 遗嘱信托是他益合同

B. 遗嘱信托费用一般由委托人承担

C. 受益人也是遗嘱信托合同的当事人

D. 受托人有为受益人的最大利益处理信托事务的义务

E. 委托人应当在合同中保证其所交付的信托财产来源合法

185. 下面可以充当遗嘱信托执行人的是(　　)。

A. 某信托投资公司

B. 张某 14 岁的侄子

C. 张某可以信赖且符合受托人设立要求的朋友

D. 张某可以信赖的朋友

E. 理财规划师

186. 影响财产传承规划的因素有(　　)。

A. 配偶或其他继承者的死亡

B. 本人或亲友身患重病

C. 其本人有遗产继承

D. 房地产的出售

E. 子女的出生

187. 朱某生前曾与他的邻居签订了遗赠扶养协议，他的邻居尽了扶养义务，朱某还在他去世前 10 天留下一份遗嘱。朱某去世后，他的女儿从远方赶回来，要求继承遗产。下列有关朱某遗产继承说法不正确的有(　　)。

A. 应当由当事人协商解决，如果协商不成，由人民法院判决

B. 应由按遗嘱，遗赠扶养协议，法定继承的顺序进行继承

C. 遗赠扶养协议有效，应先按遗赠扶养协议进行，接下来按遗嘱和法定继承进行

D. 应先由朱某的女儿继承，然后按遗嘱扶养协议和遗赠继承

E. 如果几个继承关系内容不冲突的话，可以同时适用

188. 甲早年留学美国，后在美国开了一家公司，1982 年回国定居，并将其在美国的大部分资产转移到中国。甲有妻子，儿女 9 个且有许多曾帮助过他的挚友，因此为了对其死后财产有个妥善处理，先后立有数份遗嘱，1994 年 12 月 6 日，甲因心脏病突发死亡，对其遗产应按下述(　　)原则处理。

A. 如果其数份遗嘱内容相冲突，应以其最后所立遗嘱为准

B. 如果其数份遗嘱中有一份是经过公证的，则以公证的遗嘱为准

C. 即使有数份遗嘱，也应按法定继承处理

D. 对于其遗嘱中没涉及的财产，应按法定继承处理

E. 如果其数份遗嘱内容相冲突，应以其最先所立遗嘱为准

189. 某男婚后两年其父病故。他和母亲及三个弟弟继承父亲的遗产。为了使母亲晚年能生活得更好，他想把继承遗产送给母亲，他不必或不能（　　）。

A. 征得三个弟弟的同意

B. 征得妻子的同意

C. 征得儿女的同意

D. 自行将继承的遗产赠与其母

E. 请求法院判决

190. 王某婚前曾著书一部交给出版社。与赵某结婚 8 个月后，该书正式出版，王某获稿酬 4 000 元。依照我国《婚姻法》的规定，该稿酬（　　）。

A. 应属于王某的个人财产

B. 应视为王某与赵某的夫妻共同财产

C. 应由王某与赵某协商确定归属

D. 应当与赵某均分

E. 理财规划师在为其制订财产传承规划时，不用对该款进行分割

191. 在刘某和汪某（女）的财产中，属于夫妻个人财产的有（　　）。

A. 刘某从部队带回的医药补助费和回乡生产补助费

B. 汪某单位发放的再就业补贴

C. 夫妻分居两地分别管理、使用的婚后所得财产

D. 一方婚前个人所有的财产，婚后由双方共同使用、经营、管理的贵重生活资料满 4 年的

E. 婚后一方所得知识产权收益

192. 甲与乙于 1998 年 8 月结婚，2002 年 5 月二人因感情不和协议离婚。下列各项中，属于夫妻共同财产应当平均分配的有（　　）。

A. 甲在 2002 年 1 月出版一本专著，2002 年 6 月甲拿到一笔 2 万元的稿费

B. 乙所在单位拖欠乙从 2001 年 6 月至 2002 年 1 月的工资，2002 年 7 月，乙拿到拖欠的工资，共计 1 万元

C. 2002 年 3 月，乙的伯父死亡，其遗嘱指明将财产遗赠给乙一人所有，价值 4 万余元

D. 甲 2001 年 6 月购买的用于参加国际会议的一套高级西装

E. 甲 2001 年 6 月购买的送给乙的钻戒

193. 1984 年钱某夫妇收养张某（当时 2 岁）为养子，一直共同生活。1993

年张的生父母与钱某夫妇达成解除收养关系协议。1年后张某生夫妇相继去世。下列有关此案的表述中，正确的是( )。

A. 张与其生父母及其他近亲属的权利义务关系自行恢复

B. 张与其生父母及其他近亲属的权利义务关系是否恢复须经协商确定

C. 张有权继承其生父母的遗产

D. 张无权继承其生父母的遗产

E. 张某有权继承钱某的遗产

194. 胡听涛有一子名小军，已30岁尚未结婚。胡听涛从前一个战友之女小慧，人亦贤惠，胡听涛希望其子能与战友之女结婚，于是在其临终前留下一份遗嘱，对自己的个人财产作了处理，其中一项为“有现金2万元，暂由小军母亲保管。如小军和小慧结婚，则该笔现金由小军继承”。胡听涛所立的这份遗嘱( )。

A. 涉及现金2万元的部分无效

B. 该部分无效是因为违反了遗嘱自由原则

C. 该部分无效是因为所附条件违法，侵犯了他人的婚姻自由

D. 该部分无效，不影响遗嘱其他部分的效力

E. 这是立遗嘱人在遗嘱中设定条件，是合法的

195. 王某与武某于1994年3月登记离婚，同年7月双方又以夫妻名义同居生活，财产也放在一起。后因经济问题双方又发生纠纷，王某向人民法院起诉，要求离婚，依照法律( )。

A. 王某与武某的婚姻关系有效

B. 王某与武某的婚姻关系无效

C. 法院对王某与武某的纠纷应按事实婚姻处理

D. 法院对这起纠纷应按非法同居关系处理

E. 财产为夫妻共有财产

196. 陈宇（女）4岁时，其母与刘佳林再婚，陈宇随生母与继父共同生活9年，继父女之间形成扶养关系。1988年刘佳林与陈宇的生母登记离婚。陈宇遂起诉与刘佳林解除继父女关系。有关陈宇与继父刘佳林的关系诸多看法中，( )等看法是正确的。

A. 在陈宇生母离婚前，陈宇与刘佳林既存在姻亲关系，也存在扶养关系

B. 在陈宇生母离婚前，陈宇与刘佳林仅存在扶养关系

C. 陈宇与刘佳林之间权利义务关系自然终止；法院对陈宇的起诉可不予受理

D. 陈宇与刘佳林之间权利义务关系不能自然终止

E. 法院应对陈宇与继父的关系做出是否准许解除的调解或判决

197. 方某与复员军人赵某结婚 10 余年，后方某因与赵某感情不和而起诉离婚，诉讼中双方为赵某婚后部队发给的复员费、医药补助和回乡生产补助费的归属发生争议。方某坚持按夫妻共同财产分割，赵某坚持系个人财产。双方争议的前述费用(　　)不正确。

A. 一律按赵个人财产处理

B. 一律按方某与赵某夫妻共同财产处理

C. 认定结婚 10 年以上，复员费按夫妻共同财产处理

D. 医疗补助费和回乡生产补助费一律归赵某所有

E. 医疗补助费和回乡生产费归双方所有

（二十七）根据以下案例，回答 198、199 题：

李某有一子两女，其中儿子甲 1989 年死亡，当时甲有一女乙尚幼，和儿媳戊在一起生活，1995 年，李某患病不起，其亲笔立下遗嘱，将所有的 4 间房屋及存款 1 000 元由两个女儿丙、丁继承。后李某死亡，丙、丁分割了李某房产和存款。李某的儿媳戊提出李某生前所作遗嘱无效，她和乙均有权继承房产和存款。

198. 本案涉及的继承关系不包括(　　)。

A. 代位继承　　B. 转继承

C. 遗嘱继承　　D. 法定继承

E. 遗赠

199. 对李某所作的遗嘱界定错误的为(　　)。

A. 具有法律效力，丙、丁应继承分割遗产；乙、戊无权分割遗产

B. 无效，应按法定继承重新分割遗产，甲应继承的遗产份额由乙、戊继承

C. 部分无效，应给乙保留应继承份额，然后再按遗嘱继承分割遗产

D. 无效，但戊无权分割遗产，应由乙代甲继承遗产

E. 无效，戊有权分割遗产

200. 某甲在国外经商多年，1992 年回家乡定居。1993 年甲立自书遗嘱将自己的财产在自己死后归侄子乙继承。后甲与乙关系恶化，甲想撤销这个遗嘱。甲可以采用(　　)等方式。

A. 声明原遗嘱无效　　B. 出售遗嘱处分的财产

C. 抛弃遗嘱处分的遗产　　D. 立新遗嘱

E. 将财产遗赠他人

201. 张某和刘某离婚，以下属于夫妻财产的是(　　)。

A. 在婚姻关系存续期间，夫妻各自或共同劳动所得的收入和购置的财产

B. 有些财产已经无法分清婚前财产与婚后财产

C. 虽属婚前财产，但已结婚多年，由二人共同长期作使用、经营、管理的财产

D. 在婚姻关系存续期间，张某的复员、转业军人所得的复员费、转业费

E. 一方专用的生活用品

202. 1992 年李某收养了王某（2 岁），一直共同生活。1995 年李某因病去世，1996 年王某的生父母亦相继去世。下列有关此案的哪些表达是正确的？(　　)。

A. 1995 年李某因病去世，王某与其生父母的权利义务关系自行恢复

B. 1995 年李某因病去世，王某与其生父母的权利义务关系不能自行恢复

C. 王某有权继承其生父母的遗产

D. 王某无权继承其生父母的遗产

E. 王某无权继承李某的遗产

203. 张丁老人有三个儿子一个女儿，老伴在世，两个儿子和女儿都已经成家，小儿子有残障，生活不能自理，在张丁老人的遗嘱中，下列(　　)不违反法律规定。

A. 把自己的全部遗产分成五份，分给自己的老伴及四个孩子

B. 把自己所有的财产留给自己的老伴

C. 不分给自己残障的小儿子财产

D. 不分给嫁到邻村的女儿财产

E. 将所有的财产捐给希望小学

204. 下列情形中遗产中的有关部分应按照法定继承办理的是(　　)。

A. 遗嘱继承人放弃继承或者受遗赠人放弃受遗赠的

B. 遗嘱继承人丧失继承权的

C. 遗嘱继承人、受遗赠人先于遗嘱人死亡的

D. 遗嘱无效部分涉及的遗产

E. 遗嘱未处分的遗产

205. 我国刑法、民法通则、继承法等法律中所说的扶养，包括婚姻法中所说的(　　)。

A. 扶养　　　　B. 抚养

C. 收养　　　　D. 赡养

E. 以上都对

206. 按照我国《婚姻法》的规定，离婚时对生活困难一方予以经济帮助的条件是(　　)。

A. 需要帮助的一方生活确有困难

B. 提供帮助的一方有经济负担能力

C. 需要帮助的一方无过错

D. 提供帮助的一方有过错

E. 接受帮助的一方必须是离婚后未再婚的

207. 婚姻家庭关系不仅受婚姻法调整，从广义上说还要受(　　)的调整。

A. 证券法　　B. 民法

C. 继承法　　D. 刑法

E. 公司法

208. 祖父母、外祖父母属于第二顺序继承人，祖父母、外祖父母享有继承权，其继承方式有(　　)。

A. 法定继承　　B. 遗嘱继承

C. 转继承　　D. 代位继承

C. 遗赠

(二十八) 根据以下案例，回答 209 ~ 216 题：

李某，男，是一家饭店老板，生意较好。1996 年，李某与谢某再婚。1999 年，妻子谢某丧失劳动能力。儿子（与前妻所生）李甲、李乙和李丙均参加工作，生活独立，经济分开。2000 年 10 月，李某向银行贷款 10 万元。2001 年 8 月，李某因病住院，确诊为癌症。在李某住院期间经营照常进行，但未缴纳税款。2001 年 11 月，李某去世，共欠税款 3 万元整。李某生前立有遗嘱，遗嘱中只是说明要将遗产 2 万元给负责照看妻子的侄女李男。李甲、李乙、李丙在办完父亲的丧事后，将父亲的遗产折价出售获 12 万元人民币。分给李男遗产 2 万元，其余部分与谢某各继承 2.5 万元。银行与税务机关向法院起诉。要求偿还欠款和税款。

209. 李某的法定继承人为(　　)。

A. 谢某　　B. 李男

C. 李甲　　D. 李乙

E. 李丙

210. 本案例中涉及(　　)关系。

A. 基于继承权的继承　　B. 非基于继承权的继承

C. 代位继承　　D. 遗赠

E. 法定继承

211. 本案例涉及遗产中的债务问题，遗产债务包括(　　)。

A. 被继承人依照我国税收法规的规定应当缴纳的税款

B. 被继承人因合同之债而欠下的债务

C. 被继承人因侵权行为而承担的损害赔偿的债务

D. 被继承人因不当得利而承担的返还不当得利的债务

E. 被继承人因无因管理而承担的补偿管理人必要费用的债务

212. 以下关于遗产债务的说法错误的是(　　)。

A. 为家庭成员生活需要而承担的债务为遗产债务

B. 被继承人在继承人不尽扶养、扶养、赡养义务的情况下，迫于生活需要而以个人名义欠下的债务为遗产债务

C. 继承费用属于遗产债务

D. 丧葬费用既不能列入遗产债务，也不能列人继承费用

E. 以被继承人个人名义所欠下的，用于家庭生活需要的债务，这种债务实质上是家庭共同债务

213. 被继承人债务的清偿原则为(　　)。

A. 权利义务相一致的原则　　B. 限定继承原则

C. 保留必留份原则　　D. 债务均分原则

E. 有序清偿原则

214. 下列遗产分割的方法正确的是(　　)。

A. 先清偿债务后分割遗产

B. 先分割遗产后清偿债务

C. 遗产已被分割而未清偿债务时，如有法定继承又有遗嘱继承和遗赠的，首先由法定继承人用其所得的遗产清偿债务

D. 如果只有遗嘱继承和遗赠的，由遗嘱继承人和受遗赠人按比例用所得遗产偿还

E. 以上都正确

215. 被继承人债务的清偿顺序错误的是(　　)。

A. 国家税款；工资和劳动保险费用；优先债权；普通债权

B. 优先债权；工资和劳动保险费用；国家税款；普通债权

C. 普通债权；工资和劳动保险费用；国家税款；优先债权

D. 工资和劳动保险费用；国家税款；优先债权；普通债权

E. 工资和劳动保险费用；优先债权；国家税款；普通债权

216. 关于本案例，下列说法正确的是(　　)。

A. 李甲、李乙、李丙、谢某四人应该先清偿债务

B. 李男只有在李甲、李乙、李丙三人遗产不足清偿债务的情况下，才需清偿

C. 就算遗产不足清偿债务，也应为谢某保留必要份额

D. 遗产应当先清偿银行债务

E. 遗产应当先清偿税款

（二十九）根据以下案例，回答 217～220 题：

刘甲丧偶后，与 24 岁的儿子刘乙一起经营一家百货店，商店的资产总值为 8 万元。1996 年，刘甲与丧偶妇女杨丙再婚，婚后杨丙的 10 岁女儿张丁随母与刘甲父子一起生活。刘甲父子俩仍经营百货店，杨丙从事家务。2001 年以来，因为刘乙准备结婚，急需住房，经过刘甲同意，欲将百货店赚的钱购买商品房，遭到杨丙的反对，由此引起矛盾。2002 年，刘甲向法院起诉离婚，杨丙同意离婚，但对夫妻共同财产分割没有达成协议。经过查证，百货店现有财产总共 32 万元。

217. 对百货店现有财产界定正确的是（　　）。

A. 百货店是刘甲的婚前财产，属于其个人财产

B. 百货店是刘甲和杨丙的夫妻共有财产

C. 百货店原有财产 8 万元为刘甲婚前财产，归刘甲父子共有

D. 百货店现有财产扣除 8 万元后的财产，为刘甲和杨丙的夫妻共有财产

E. 百货店现有财产扣除 8 万元后的财产，为刘甲父子和杨丙的共有财产

218. 以下关于百货店的属性正确的是（　　）。

A. 百货店是刘甲的财产，刘乙只是帮忙

B. 百货店是刘甲和刘乙按份共有的财产

C. 百货店是刘甲和刘乙共同共有的财产

D. 刘甲和刘乙是家庭共有

E. 刘甲和刘乙对百货店一人享有 1/3 权利

219. 以下关于刘甲与张丁之间的关系说法正确的是（　　）。

A. 刘甲和张丁是继父与继女关系

B. 刘甲和张丁之间形成抚养关系

C. 刘甲和杨丙离婚后，刘甲仍然有抚养张丁的义务

D. 刘甲和杨丙离婚后，刘甲与张丁的继父女关系自然解除

E. 杨丙和刘乙之间形成抚养关系

220. 以下关于杨丙分得财产额错误的是（　　）万元。

A. 16　　B. 32

C. 8　　D. 4

E. 以上答案均错误

（三十）根据以下案例，回答 221～224 题：

1990 年，丁晓亮的父母亲离婚了，5 岁的丁晓亮跟着父亲丁大山一起生活，但由于父亲长年在外做生意，因此，一直由小姑丁梅照料他，而丁晓亮的母亲何丽只是每月过来送生活费。1996 年，丁大山去世，并没有留下遗嘱，而且丁大山的双亲早亡，只有丁晓亮和丁梅两个亲人，在去世后，丁晓亮就跟着丁梅一起生活。2001 年，上高中的丁晓亮被查出患白血病，丁梅为他寻医治病共花去 1 万元钱，当年年末，丁晓亮病情加重不幸去世了。丁梅和何丽收拾丁晓亮遗物时，发现了丁晓亮亲笔写的遗书，遗书中表示要将父亲留给自己的 3 万元钱都留给小姑丁梅，而何丽认为自己应该是丁晓亮全部财产的继承人。

221. 以下关于丁大山的法定第一顺序继承人的说法错误的是（　　）。

A. 丁晓亮、丁梅　　B. 丁晓亮、何丽

C. 丁晓亮　　D. 丁晓亮、何丽、丁梅

E. 何丽

222. 以下关于丁晓亮的遗书说法错误的是（　　）。

A. 丁晓亮的遗书有效，体现了他对自己财产的安排

B. 丁晓亮的遗书有效，因为是自己亲自书写的

C. 丁晓亮的遗书无效，没有见证人见证

D. 丁晓亮的遗书无效，因为他和丁梅之间不是直系血亲

E. 丁晓亮的遗书无效，因为丁晓亮为限制民事行为能力人

223. 本案不适用（　　）对丁晓亮的遗产进行分配。

A. 遗嘱继承　　B. 法定继承

C. 转继承　　D. 代位继承

E. 遗赠

224. 以下关于丁晓亮遗产分配的说法正确的是（　　）。

A. 丁晓亮的遗产由其母亲何丽继承

B. 丁梅不能取得遗产

C. 丁梅可以适当分得遗产

D. 丁梅为丁晓亮治病花去的 1 万元钱属于遗产债务

E. 丁晓亮的遗产有 2 万元

225. 甲是个体户，因经营不善，欠贷款 5 000 元，去世后，留下的遗产仅值 3 000 元，其只有一个儿子乙，下列（　　）说法正确。

A. 乙有权继承甲的遗产 3 000 元，不必承担偿还 5 000 元的义务

B. 乙放弃继承权，可以不承担偿还贷款义务

C. 乙若继承甲的遗产 3 000 元，就要偿还 5 000 元

D. 乙若继承甲的遗产 3 000 元，只需偿还 3 000 元

E. 以上说法均错误

三、判断题

226. 1994 年 2 月 1 日以后形成的事实婚姻关系，法律都不再承认。（　）

227. 刘某为给岳母治病，以个人名义借了 500 元外债。现刘某与妻子离婚，这 500 元债务属于刘某个人债务，应以刘某的个人财产偿还。（　）

228. 婚生子女、养子女和继子女一律享有与婚生子女同等的权利。（　）

229. 父母对子女的抚养是无条件的。（　）

230. 我国现行《婚姻法》补充了婚生子女的推定和否认制度。（　）

231. 父母抚养子女，应到子女成年为止。（　）

232. 父母离婚后，无论哪一方和子女共同生活，双方都对子女享有监护权。（　）

233. 继子女和继父母形成抚养关系后，和生父或生母间的权利义务关系即告终止。（　）

234. 只要由两个以上见证人在场见证，口头遗嘱就会发生效力。（　）

235. 计算遗产价值时以其购买时的支付价格为准。（　）

236. 夫妻一方婚前支付了部分房款，婚后才取得房产证，该房屋为夫妻共有财产。（　）

237. 夫妻用共同财产以一方名义投资设立独资企业的，分割夫妻在该独资企业中的共同财产时，如果一方想经营该企业，对企业资产进行评估后，由取得企业一方给予另一方相应的补偿。（　）

238. 在财产分配规划中，夫妻财产在谁手中就归谁所有。（　）

239. 在财产分配规划中，要严格遵守男女平等的原则，不能偏向任何一方。（　）

240. 子女随祖父母生活时间较长，可以作为决定子女随父方生活的理由。（　）

241. 信托财产之间必须保持绝对的独立性。（　）

242. 继子女如被继父或继母收养不影响其对生父母的继承权。（　）

243. 财产传承规划的最主要特点是可变通性。（　）

244. 财产传承规划的目标要包括客户的长期责任。（　）

245. 遗嘱是否有效，应当以遗嘱人立遗嘱时的情形为准。（　）

246. 自书、代书、录音、口头遗嘱，不能对公证的遗嘱进行修订或者撤销。
(　　)

247. 如果遗嘱人在设立遗嘱后丧失行为能力，在丧失行为能力后对遗嘱的修订、撤销使原遗嘱无效。(　　)

248. 遗嘱的修订、撤销可以由代理人代理。(　　)

249. 遗嘱人没有为缺乏劳动能力又没有生活来源的继承人保留必要的遗产份额，该遗嘱无效。(　　)

250. 继承人不仅要继承财产权利还要继承财产义务。(　　)

第二部分

参考答案及解析

第一章　风险管理与保险规划

一、参考答案

（一）单项选择题

1. C	2. B	3. D	4. B	5. B
6. C	7. D	8. D	9. B	10. D
11. B	12. C	13. A	14. B	15. C
16. A	17. D	18. B	19. A	20. C
21. B	22. A	23. D	24. C	25. B
26. C	27. C	28. B	29. B	30. D
31. C	32. A	33. C	34. A	35. D
36. A	37. C	38. B	39. B	40. A
41. C	42. C	43. B	44. C	45. D
46. B	47. D	48. B	49. C	50. A
51. A	52. B	53. A	54. B	55. A
56. A	57. B	58. A	59. B	60. B

61. A	62. D	63. B	64. C	65. B
66. C	67. C	68. D	69. A	70. B
71. B	72. C	73. D	74. B	75. D
76. D	77. D	78. B	79. B	80. A
81. C	82. B	83. C	84. B	85. A
86. B	87. C	88. D	89. B	90. D
91. B	92. D	93. C	94. C	95. A
96. B	97. A	98. B	99. C	100. D
101. B	102. D	103. A	104. C	105. A
106. B	107. A	108. A	109. A	110. A
111. B	112. D	113. A	114. B	115. C
116. A	117. B	118. D	119. C	120. A
121. C				

（二）多项选择题

122. ACE	123. ABCD	124. BCD	125. ABCDE	126. ABCD
127. ABCE	128. ABCDE	129. ABC	130. ABCDE	131. ABCDE
132. CDE	133. AD	134. ABCD	135. ABD	136. AB
137. ABCDE	138. ABCDE	139. ABCDE	140. ABCE	141. BE
142. CDE	143. AB	144. ACE	145. ABCDE	146. ABCE
147. ACD	148. ABC	149. AC	150. AE	151. DE
152. ACD	153. ADE	154. BD	155. AB	156. BC
157. ABCDE	158. ABCDE	159. ABCD	160. AD	161. ABC
162. AB	163. ABCDE	164. ABCD	165. ABCDE	166. BCD
167. BCD	168. ABCDE	169. ABCDE	170. ABC	171. ABCDE
172. ABCD	173. ABCDE	174. ABC	175. ABC	176. ABCE
177. ABCDE	178. ABE	179. BCD	180. ACE	

（三）判断题

181. ×	182. √	183. √	184. √	185. √	186. ×
187. ×	188. √	189. ×	190. √	191. ×	192. ×
193. ×	194. ×	195. √	196. ×	197. √	198. ×
199. √	200. ×				

二、答案解析

（一）单项选择题

1．略

2．B

解析：风险回避是指采取措施直接回避风险，或者不去做可能导致风险的事，从而避免某种风险的发生以及由此带来的损失。李先生不乘坐飞机，是典型的风险回避行为。

风险分散的结果使得同一风险分散到相关的多个个体上，从而使每一个体所承担的风险相对以前减少。题中，并没有使每个人的风险相对减少。

风险转移包括非保险转移和保险转移。非保险转移主要通过签订经济合同，将风险以及风险有关的财务结果转移给别人；保险转移指通过订立保险合同，将风险转移给汇集大量投保人风险的保险公司。

3．D

解析：风险管理的定义有以下几点需要注意：其一，当事人是指经济单位的当事人，经济单位可以是个人、家庭、企业、社会团体、政府乃至整个世界。其二，成本与收益的问题，是以最小成本获得最大的安全保障和经济利益，不是不考虑成本的情况下一味追求安全保障。

4～5．略

6．C 见 P5 图 1－1。

7～10．略

11．B

解析：遗属必要生活备用金＝遗属必要生活费－社保金额－企业抚恤金－家庭其他收入

12～17．略

18．B

解析：20＋30－10－5－10＝25

19～27．略

28．B

解析：投保人就同一标的、同一保险利益、同一危险事故，分别向两个以上保险人订立保险合同的为复合保险，这是财产保险中特有的现象。

29～30．略

31．C

解析：在人身保险中与投保人具有可保利益的包括：自己，配偶、父母、子女，扶养人、辅养人、赡养人，还有一类是经被保险人同意方可投保的：主要是雇主为雇员投保，债权人和债务人之间的信用保险。

32. A

解析：人身保险在给付时不要求一定具备可保利益，在投保时要求。

33. 略

34. A

解析：财产保险在理赔时要求一定要具备可保利益。在转移财产所有权或者经营管理权的同时可以将保险合同一并转让给新的财产受让人。《保险法》第三十三条规定，保险标的的转让应当通知保险人，保险人同意继续承保后，依法变更合同。因此，在33题中，李某没有变更财产保险的投保人、受益人，不能获得理赔。最好的处理方法是在房产转移过户后，及时变更财产险合同的投保人、受益人。

35~41. 略

42. C

解析：共计34万元（损失60万元的50%加上施救费用8万元的50%）。

43~47. 略

48. B

解析：对于重复保险，在发生保险范围内的保险事故时，各保险人根据投保人投保额按比例分摊。

49~56. 略

57. B

解析：同一保险人不得同时兼营财产保险业务和人身保险业务。但是经营财产保险业务的保险公司经保险监督管理机构核定，可以经营短期健康保险业务和意外伤害保险业务。

58~61. 略

62. D

解析：我国保险法对投保人与被保险人的关系进行了规定，但对投保人与受益人、被保险人与受益人的关系没有作明确规定。

63~64. 略

65. B

解析：近因就是指引起保险标的损失的最直接、最有效、起决定性作用的原因，而并非最近的原因。

66~70. 略

71. B

解析：风险管理与保险规划侧重于提供保障功能，并非在于家庭资产的增值。

72～73. 略

74. B

解析：甲公司设备价值100万，投保的总额为80万，是不足额保险。

75. D

解析：对于重复保险中，无论超额保险还是不足额保险，当发生保险事故时，各承保公司按所承保的比例进行赔付。

76. 略

77. D

解析：《保险法》第四十二条规定：保险事故发生时，投保人、被保险人有责任尽力采取必要的措施，防止或者减少损失。保险事故发生后，被保险人为防止或者减少保险标的的损失所支付的必要的、合理的费用，由保险人承担；保险人所承担的数额在保险标的的损失赔偿金额以外另行计算，最高不超过保险金额的数额。损失补偿以被保险人的实际损失为限，而不能使其获得额外利益。通过保险赔偿使被保险人的经济状态恢复到事故发生前的状态。被保险人的实际损失既包括保险标的的实际损失，也包括被保险人为防止或减少保险标的损失所支付的必要的合理的施救费用和诉讼费用，因此在保险赔付中应包含此两部分金额。

78. B

解析：财产保险不仅要求投保人在投保时对保险标的具有可保利益，而且要求可保利益在保险有效期内始终存在，特别是在发生保险事故时，被保险人对保险标的必须具有可保利益。但根据国际惯例，在海上保险中对可保利益的要求有所例外，不要求投保人在合同订立时具有可保利益，只要求被保险人在保险标的遭受损失时必须具有可保利益，否则就不能取得保险赔偿。

79. B

解析：通常对于被保险人违反保证义务而对保险合同的影响规定是很严格的。比如规定：保证的事项均假定为重要的，保险人只要证明保证已被破坏即可；而被保险人一旦违反保证的事项，合同即告无效，而且保险人一般不需退还保费。

80. A

解析：此题中，银行打电话告知保险公司保安减少值班时间的事情，保险公司没有提出异议，可以看作是默示弃权。

81～82. 略

83. C

解析：唐先生故意没有告知保险公司唐宁得心肌炎的事实，违反了最大诚信原则，而且该事实足以影响合同的成立与否，因此保险公司可以不给付，也不退还保费，但如果是唐先生过失没有告知相关事项，则可以不给付保险金，但需要退还保费。

84. 略

85. A

解析：按照投保的原则，一般优先为家庭收入主要创造者投保。

86～87. 略

88. D

解析：由于田先生的父亲年事已高，选择买保险进行保障的方式成本相对较高，此时最好是为其建立风险保障基金。

89. B

解析：意外伤害险一般是短期险种，属于纯保障型产品；健康险作用在于被保险人患约定的疾病时可以得到给付；医疗保险作用在于提供医疗保障；两全险可以在被保险人生存至约定年龄时获得满期保险金，因此可以用来准备教育金。

90～91. 略

92. A

解析：《保险法》第五十五条规定：投保人不得为无行为能力人投保以死亡为给付保险金条件的保险，保险人也不得承保。父母为其未成年子女投保的人身保险不受前款规定限制，但是死亡给付保验金额总和不得超过保险监督管理机构规定的限额。第五十六条又进一步规定：以死亡为给付保险金条件的合同，未经被保险人书面同意并认可保险金额的，合同无效。依照以死亡为给付保险金条件的合同所签发的保险单，未经被保险人书面同意，不得转让或者质押。父母为其未成年子女投保人身保险的不受第一款规定的限制。即：第一，除父母对未成年子女外，其他投保人不得为无行为能力人投保含有死亡给付保险金条件的保险；第二，对有行为能力人和限制行为能力的人，可以投保含有死亡给付保险金条件的保险，但必须征得被保险人的书面同意并认可保险金额，口头同意无效。即使是父母对已成年的子女投保含有死亡给付保险条件的保险，也必须征得子女的书面同意。

93. C

解析：保险合同的当事人是指投保人和保险人，即田太太和保险公司；保险合同的关系人是指被保险人和受益人，即田太太和田田；保险合同的主体指的是投保人、保险人、被保险人和受益人，本题中，投保人和受益人是同一人。

94. C

解析：保险法中规定人寿保险中与投保人具有保险利益的有：自己；父母、配偶和子女；扶养人、抚养人和赡养人；经被保险人允许（主要是雇主为雇员以及债权人与债务人之间的信用保险）。

95. 略

96. B

解析：意外保险合同的生效一般是在保险公司同意承保、收取保险费并签发保险单的次日零时起开始成立。不以投保人是否收到保险单为生效依据。

97～98. 略

99. C

解析：类似健康保险合同中的宽限期条款规定如果投保人没有按时缴纳续期保费，在宽限期内，即使未缴纳保险费，合同仍然具有效力；超过宽限期，保险合同效力中止。宽限期一般是60天。

100～118. 略

119. C

解析：我国《保险法》第五十四条规定："投保人申报的被保险人年龄不真实，并且其真实年龄不符合合同约定的年龄限制的，保险人可以解除合同，并在扣除手续费后，向投保人退还保险费，但是自合同成立之日起逾二年的除外。

投保人申报的被保险人年龄不真实，致使投保人支付的保险费少于应付保险费的，保险人有权更正并要求投保人补交保险费，或者在给付保险金时按照实付保险费与应付保险费的比例支付。

投保人申报的被保险人年龄不真实，致使投保人实付保险费多于应付保险费的，保险人应当将多收的保险费退还投保人。"

考生可以按下图简要记忆：

		两年内发现	两年后发现
真实年龄在承保范围内	申报年龄较大	将多收的保险费退还投保人	不可以变更不可以解除合同
	申报年龄较小	有权更正并要求投保人补交保险费或者在给付保险金时按照实付保险费与应付保险费的比例支付	不可以变更不可以解除合同
真实年龄不在承保范围内	申报年龄较小	可以解除合同，并在扣除手续费后，向投保人退还保险费	不可以解除合同

120. A

解析：共同灾难条款中规定：只要第一受益人与被保险人同死于一次事故中，如果不能证明谁先死，则推定第一受益人先死。因此，保险金作为赵先生的遗产进行处理，给第一顺序继承人：配偶，父母。

121. 略

（二）多项选择题

122～155. 略

156. BC

解析：免责部分和超额部分无效。

157～180. 略

（三）判断题

略

第二章　投资规划

一、参考答案

（一）单项选择题

1. C	2. B	3. B	4. D	5. B
6. B	7. C	8. A	9. A	10. D
11. C	12. B	13. B	14. A	15. B
16. C	17. C	18. B	19. C	20. A
21. A	22. D	23. D	24. B	25. A
26. D	27. B	28. C	29. A	30. D
31. C	32. D	33. A	34. A	35. D
36. B	37. B	38. C	39. A	40. D
41. D	42. C	43. D	44. C	45. A
46. A	47. C	48. C	49. C	50. D
51. D	52. A	53. A	54. B	55. B
56. C	57. B	58. B	59. D	60. D
61. B	62. D	63. C	64. C	65. B
66. B	67. A	68. C	69. C	70. D
71. D	72. D	73. A	74. B	75. B
76. D	77. A	78. D	79. B	80. C
81. C	82. B	83. B	84. C	85. A
86. C	87. B	88. D	89. A	90. C
91. D	92. B	93. A	94. B	95. A
96. D	97. A	98. B	99. C	100. C
101. B	102. C	103. A	104. C	105. D

106. A	107. B	108. B	109. B	110. C
111. B	112. B	113. C	114. B	115. C
116. B	117. B	118. C	119. A	120. A
121. B	122. D	123. B	124. D	125. C
126. A	127. C	128. D	129. C	130. D
131. C	132. A	133. C	134. A	135. A
136. D	137. B	138. D	139. D	140. C
141. B	142. B	143. B	144. D	145. C
146. A	147. D	148. D	149. D	150. C

(二) 多项选择题

151. BC	152. ABCD	153. AC	154. ABC	155. ACD
156. AC	157. BCD	158. ABE	159. ABCDE	160. ABCE
161. AE	162. CE	163. ABCDE	164. ABCDE	165. CDE
166. BDE	167. ABCDE	168. ABCDE	169. BCE	170. ABCDE
171. ABCE	172. ABC	173. ABCDE	174. ABCDE	175. ABCDE
176. ABCE	177. ABD	178. ADE	179. AC	180. ABCD
181. ACD	182. ACE	183. AC	184. BE	185. CDE
186. CD	187. ABC	188. ABD	189. ABD	190. ABDE
191. AD	192. AD	193. ABD	194. ABC	195. BCD
196. ABCD	197. AB	198. ABCD	199. ABC	200. ABD
201. ACD	202. CD	203. ABCDE	204. ABD	205. ABC
206. ABCD	207. BD	208. AD	209. AC	210. BCD
211. AD	212. ACD	213. ABCDE	214. BC	215. BD
216. ABCDE	217. AC	218. AD	219. AC	220. ACD
221. CD	222. ABCDE	223. BCD	224. ABC	225. BC

(三) 判断题

226. ×	227. √	228. √	229. √	230. ×
231. ×	232. ×	233. √	234. √	235. √
236. ×	237. √	238. ×	239. ×	240. ×
241. √	242. ×	243. ×	244. ×	245. √
246. √	247. √	248. √	249. ×	250. ×

二、答案解析

（一）单项选择题

1．略

2．B

解析：证券的风险分为系统性风险（又称市场风险）和非系统性风险（又称独特的或资产专有的风险）。

3．B

解析：系统性风险是不能通过多样化来消除的，而非系统性风险是可以通过多样化来消除的。

4．D

解析：承担风险的回报取决于系统性风险。

5．B

解析：在固定增长的红利贴现模型中，$P_0 = \frac{D_1}{k-g}$，红利增长率 g 必须低于市场资本化率 k。

6．B

解析：$15\% = \frac{1.5+26-P}{P}$，所以，$P = 23.91$

7．C

解析：贴现率 k 是真实无风险回报率和股票风险溢价的和，真实无风险回报率又受预期通胀率的影响。

8．A

解析：收益和红利的持续增长率是股权收益率和留存比率的积，即 $g = ROE \times b$

9．A

解析：两年后，预计将来发放红利为 $1.00 \times (1+5\%)^2 = 1.1025$，所以，

$P = \frac{1.1025}{15\% - 5\%} = 11.025$

10．D

解析：在财务计算器中输入：PMT = 7，I/Y = 10，N = 5，FV = 100，计算可得：PV = 88.63

使用德州仪器 BAII PLUS 计算器，操作步骤及计算结果如下：

操　　作	按　　键	显　　示
将所有变量设为默认值	2nd，RESET，ENTER	RST　0.00
输入付款期数	5，N	N = 5.00
输入利率	10，I/Y	I/Y = 10.00
输入每期付款额	7，PMT	PMT = 7.00
输入期末余额（终值）	100，FV	FV = 100.00
计算现值	CPT，PV	PV = －88.63

11. C

解析：在财务计算器中输入：PMT = 12，I/Y = 10，N = 5，FV = 100，计算可得：PV = 107.58

使用德州仪器 BAII PLUS 计算器，操作步骤及计算结果如下：

操　　作	按　　键	显　　示
将所有变量设为默认值	2nd，RESET，ENTER	RST　0.00
输入付款期数	5，N	N = 5.00
输入利率	10，I/Y	I/Y = 10.00
输入每期付款额	12，PMT	PMT = 12.00
输入期末余额（终值）	100，FV	FV = 100.00
计算现值	CPT，PV	PV = －107.58

12. B

解析：在财务计算器中输入：PMT = 8，I/Y = 10，N = 5，FV = 100，计算可得：PV = 92.42

使用德州仪器 BAII PLUS 计算器，操作步骤及计算结果如下：

操　　作	按　　键	显　　示
将所有变量设为默认值	2nd，RESET，ENTER	RST　0.00
输入付款期数	5，N	N = 5.00
输入利率	10，I/Y	I/Y = 10.00
输入每期付款额	8，PMT	PMT = 8.00
输入期末余额（终值）	100，FV	FV = 100.00
计算现值	CPT，PV	PV = －92.42

13. B

解析：债券价格与市场利率负相关，当市场利率上升时，债券价格将下降，如果此时变现，债券持有人将蒙受损失。

14. A

解析：β系数是刻画系统性风险即市场风险的系数。

15. B

解析：$\beta_P = 30\% \times 1.2 + 20 \times 0.6 + 10\% \times 1.5 + 40\% \times 0.8 = 0.95$

16. C

解析：$\beta_P = \frac{1}{3} \times 0 + \frac{1}{3} \times 1.6 + \frac{1}{3} \times \beta = 1$，所以，$\beta = 1.4$

17～18. 略

19. C

解析：对证券进行分散化投资的目的是在不牺牲预期收益的前提条件下降低证券组合的风险，即系统性风险。

20. A

解析：收益最大化和风险最小化，所以投资者需要抉择的是收益一定的前提下风险最小，或者在风险一定的前提下收益最大。

21～24. 略

25. A

解析：具有较大β系数的证券具有较大的系统风险。

26. 略

27. B

解析：$50 = \frac{2}{16\% - g}$，所以，$g = 12\%$

28. 略

29. A

解析：$P = \frac{2}{16\% - 5\%} = 18.18$（元）

30～33. 略

34. A

解析：利用收益率和方差的计算公式即可得到。

35. 略

36. B

解析：$g = ROE \times b = 16\% \times 50\% = 8\%$

$D_1 = 2 \times (1 - b) = 2 \times (1 - 0.5) = 1$（元）

$P_0 = D_1 / (k - g) = 1 / (0.12 - 0.08) = 25$

37. B

解析：三年后的预期股利为：$1\times(1+8\%)^3=1.26$（元），所以其股价应为：$1.26/(0.12-0.08)=31.49$（元）

38. C

解析：$E(r_P)=r_f+\beta[E(r_M)-r_f]$，$18=6+\beta(14-6)$，则，$\beta=12/8=1.5$

39. 略

40. D

解析：按照 CAPM 模型，$E(r_{XYZ})=8\%+1.25\times(15\%-8\%)=16.75\%$，所以 XYZ 的阿尔法值应为：$17\%-16.75\%=0.25\%$

41. D

解析：$E(r_P)=r_f+\beta[E(r_M)-r_f]=r_f+0\times[E(r_M)-r_f]=r_f$

42. 略

43. D

解析：$E(r_P)=r_f+\beta[E(r_M)-r_f]=r_f+1\times[E(r_M)-r_f]=E(r_M)$

44. 略

45. A

解析：$k=6\%+1.25(14\%-6\%)=16\%$

$g=2/3\times9\%=6\%$

$D_1=E_0(1+g)(1-b)=3(1.06)(1/3)=1.06$

$P_0=D_1/(k-g)=1.06/(0.16-0.06)=10.60$

46～50. 略

51. D

解析：$(19+0.5-17)/17=14.71\%$

52. A

解析：利用收益率和标准差的计算公式可得。

53. A

解析：$E(r_P)=r_f+\beta[E(r_M)-r_f]=4\%+8\%\times1.5=16\%$

54. B

解析：$P=\dfrac{2}{10\%-\dfrac{3-2}{3}\times15\%}=40$，市盈率为 $40/3=13.33$。

55. B

解析：必要收益率为：$k=6\%+2.5\times(10\%-6\%)=16\%$

$P=\dfrac{1.5}{16\%-6\%}=15$（元）

56. C

解析：第一阶段：$\frac{20}{1+20\%}+\frac{20}{(1+20\%)^2}+\frac{20}{(1+20\%)^3}=42.13$（元）

第二阶段：第三年末股票价值为$\frac{20\times(1+10\%)}{20\%-10\%}=220$（元）

折现为：$\frac{220}{(1+20\%)^3}=127.31$（元）

所以价格应为：42.13 + 127.31 = 169.44（元）

57. B

解析：$\frac{1}{12\%-20\%\times50\%}=50$（元），折现：$\frac{50}{(1+12\%)^2}=39.859$（元）

58. B

解析：$\frac{23+1-20}{20}=20\%$

59. D

解析：(98 + 6 + 6 − 95) /95 = 15.79%

60. D

解析：在投资组合理论出现以后，风险是指投资组合的系统风险，即不是指单个资产收益的收益变动性，也不是指投资组合收益的变动。

61. B

解析：在财务计算器中输入：PMT = 8，N = 9，I/Y = 9，FV = 100，计算可得：PV = −94

使用德州仪器 BAII PLUS 计算器，操作步骤及计算结果如下：

操　　作	按　　键	显　　示
将所有变量设为默认值	2nd，RESET，ENTER	RST　0.00
输入付款期数	9，N	N = 9.00
输入利率	9，I/Y	I/Y = 9.00
输入每期付款额	8，PMT	PMT = 8.00
输入期末余额（终值）	100，FV	FV = 100.00
计算现值	CPT，PV	PV = −94.00

62. D

解析：排除法：由于市场利率低于票面利率，所以价格应高于面额，选 D。

也可以在财务计算器中输入：PMT = 8，N = 9，I/Y = 7，FV = 100，计算可得：PV = −106.52

使用德州仪器 BAII PLUS 计算器，操作步骤及计算结果如下：

操　　作	按　　键	显　　示
将所有变量设为默认值	2nd，RESET，ENTER	RST　0.00
输入付款期数	9，N	N = 9.00
输入利率	7，I/Y	I/Y = 7.00
输入每期付款额	8，PMT	PMT = 8.00
输入期末余额（终值）	100，FV	FV = 100.00
计算现值	CPT，PV	PV = －106.52

63．C

解析：$100\times(1+0.08)^{10}/(1+0.07)^{10}=109.75$（元）

64．C

解析：$100\times(1+0.08)^{3}/(1+0.06)^{3}=105.77$（元）

65．B

解析：债券发行时，到期收益率等于票面利率，所以为平价发行，当时的买入价应为 100 元；

一年后的价格：在财务计算器中输入：PMT = 8，N = 9，I/Y = 7，FV = 100，计算可得：PV = －106.52

使用德州仪器 BAII PLUS 计算器，操作步骤及计算结果如下：

操　　作	按　　键	显　　示
将所有变量设为默认值	2nd，RESET，ENTER	RST　0.00
输入付款期数	9，N	N = 9.00
输入利率	7，I/Y	I/Y = 7.00
输入每期付款额	8，PMT	PMT = 8.00
输入期末余额（终值）	100，FV	FV = 100.00
计算现值	CPT，PV	PV = －106.52

所以持有期收益率为：$(106.52+8-100)/100=14.52\%$

66．B

解析：在财务计算器中输入：PMT = 10，N = 5，I/Y = 9，FV = 100，计算可得：PV = －103.89

使用德州仪器 BAII PLUS 计算器，操作步骤及计算结果如下：

操　　作	按　　键	显　　示
将所有变量设为默认值	2nd，RESET，ENTER	RST　0.00
输入付款期数	5，N	N = 5.00
输入利率	9，I/Y	I/Y = 9.00
输入每期付款额	10，PMT	PMT = 10.00
输入期末余额（终值）	100，FV	FV = 100.00
计算现值	CPT，PV	PV = －103.89

67. A

解析：在财务计算器中输入：PMT = 10，N = 4，PV = －104.906，FV = 100，计算可得：I/Y = 8.50%

使用德州仪器 BAII PLUS 计算器，操作步骤及计算结果如下：

操　　作	按　　键	显　　示
将所有变量设为默认值	2nd，RESET，ENTER	RST　0.00
输入付款期数	4，N	N = 4.00
输入现值	104.906，＋/－，PV	PV = －104.91
输入每期付款额	10，PMT	PMT = 10.00
输入期末余额（终值）	100，FV	FV = 100.00
计算利率	CPT，I/Y	I/Y = 8.50

68. C

解析：在财务计算器中输入：PMT = 100，N = 1，PV = －900，FV = 1018.52，计算可得：I/Y = 24.28%

使用德州仪器 BAII PLUS 计算器，操作步骤及计算结果如下：

操　　作	按　　键	显　　示
将所有变量设为默认值	2nd，RESET，ENTER	RST　0.00
输入付款期数	1，N	N = 1.00
输入现值	900，＋/－，PV	PV = －900.00
输入每期付款额	100，PMT	PMT = 100.00
输入期末余额（终值）	1 018.52，FV	FV = 1 018.52
计算利率	CPT，I/Y	I/Y = 24.28

69. C

解析：平价发行的债券，若持有到期，债券的到期收益率就等于票面利率。

70．D

解析：在财务计算器中输入：PMT = 100，N = 1，I/Y = 12，FV = 1 000，计算可得：PV = －982.14

使用德州仪器 BAII PLUS 计算器，操作步骤及计算结果如下：

操　　作	按　　键	显　　示
将所有变量设为默认值	2nd，RESET，ENTER	RST　0.00
输入付款期数	1，N	N = 1.00
输入利率	12，I/Y	I/Y = 12.00
输入每期付款额	100，PMT	PMT = 100.00
输入期末余额（终值）	1 000，FV	FV = 1 000.00
计算现值	CPT，PV	PV = －982.14

71．D

解析：在财务计算器中输入：PMT = 100，N = 5，PV = －950，FV = 1 000，计算可得：I/Y = 11.37%

使用德州仪器 BAII PLUS 计算器，操作步骤及计算结果如下：

操　　作	按　　键	显　　示
将所有变量设为默认值	2nd，RESET，ENTER	RST　0.00
输入付款期数	5，N	N = 5.00
输入现值	950，+/-，PV	PV = －950.00
输入每期付款额	100，PMT	PMT = 100.00
输入期末余额（终值）	1 000，FV	FV = 1 000.00
计算利率	CPT，I/Y	I/Y = 11.37

72．略

73．A

解析：通过期货交易形成的价格是否具有周期性需要依据交易标的物而定。

74～76．略

77．A

解析：为 2 230 元/吨 × 10 吨/手 × 40 手 × 5% = 44 600（元）

78～84．略

85．A

解析：计算债券发行价格时，需要以市场利率做为折现率对未来的现金流入折现，债券的期限越长，折现期间越长，所以，当市场利率上升时，长期债券发行价格的下降幅度大于短期债券发行价格的下降幅度。

86. C

解析：因为平价发行的每年付息一次的债券，其到期收益率等于票面利率。所以，到期收益率 = 票面利率 = 10%。

87. B

解析：V = ［（100/1.08）］ + ［（1 000/1.08）］ = 1 019（元）

88. D

解析：900 = ［100/（1 + y）］ + ［1 000/（1 + y）］，y = 22%或者用财务计算器。

使用德州仪器 BAII PLUS 计算器，操作步骤及计算结果如下：

操　作	按　键	显　示
将所有变量设为默认值	2nd，RESET，ENTER	RST　0.00
输入付款期数	1，N	N = 1.00
输入现值	900，+/-，PV	PV = -900.00
输入每期付款额	100，PMT	PMT = 100.00
输入期末余额（终值）	1 000，FV	FV = 1 000.00
计算利率	CPT，I/Y	I/Y = 22.22

89. A

解析：$V = [100/(1+12\%)] + [100/(1+12\%)^2] + [100/(1+12\%)^3] + [1\,000/(1+12\%)^3] = 952$(元)

90. C

解析：根据β系数的计算公式可知：

A 股票的β系数 = 相关系数 × A 股票的标准差/市场组合的标准差

= 0.8928 × 2.8358/2.1389 = 1.18

91. D

解析：A 股票投资者要求的必要报酬率 = 6% + 1.18 ×（11.09% - 6%）

= 12%

92. B

解析：前 3 年的股利现值之和 $= \frac{20}{1+12\%} + \frac{20}{(1+12\%)^2} + \frac{20}{(1+12\%)^3}$

= 48.04（元）

93. A

解析：第4年以后各年股利的现值

$= 20 \times (1 + 5\%) / (12\% - 5\%) \times \frac{1}{(1+12\%)^3}$

$= 300 \times 0.7118 = 213.54$（元）

94. B

解析：A公司股票价值 = 48.04 + 213.54 = 261.58（元）

该股东持有的股票市值 = 100 × 261.58 = 26158（元）

95. 略

96. D

解析：无风险资产与市场组合的相关系数、β值，可以根据其定义判断。

97. A

解析：利用A股票和B股票的数据解联立方程：

0.22 = 无风险资产报酬率 + 1.3 ×（市场组合报酬率 − 无风险资产报酬率）

0.16 = 无风险资产报酬率 + 0.9 ×（市场组合报酬率 − 无风险资产报酬率）

无风险资产报酬率 = 0.025

市场组合报酬率 = 0.175

98. B

解析：根据β值的计算公式求A股票的标准差。

根据公式：

β = 与市场组合的相关系数 ×（股票标准差/市场组合标准差）

1.3 = 0.65 ×（标准差/0.1）

标准差 = 0.2

99. C

解析：根据β值的计算公式求B股票的相关系数：

0.9 = r（0.15/0.1）

r = 0.6

100. C

解析：根据资本资产定价模型计算C股票的β值：

0.31 = 0.025 + β（0.175 − 0.025）

β = 1.9

101. B

解析：根据β值的计算公式求C股票的标准差：

1.9 = 0.2 ×（标准差/0.1）

标准差＝0.95

102．C

解析：持有期收益率取决于持有的期限，当持有至到期日时，持有期收益率就等于到期收益率。

103．A

解析：$P=\frac{100}{1+9\%}+\frac{100}{(1+9\%)^2}+\frac{100}{(1+9\%)^3}+\frac{100}{(1+9\%)^4}+\frac{100}{(1+9\%)^5}+\frac{1\ 000}{(1+9\%)^5}=1\ 038.87$（元）

用财务计算器为：PMT＝100，N＝5，I/Y＝9，FV＝1 000，计算可得：PV＝－1 038.90

使用德州仪器 BAII PLUS 计算器，操作步骤及计算结果如下：

操　　作	按　　键	显　　示
将所有变量设为默认值	2nd，RESET，ENTER	RST　0.00
输入付款期数	5，N	N＝5.00
输入利率	9，I/Y	I/Y＝9.00
输入每期付款额	100，PMT	PMT＝100.00
输入期末余额（终值）	1 000，FV	FV＝1 000.00
计算现值	CPT，PV	PV＝－1 038.90

104．C

解析：在财务计算器中输入：PMT＝100，N＝4，PV＝－1 049.06，FV＝1 000，计算可得：I/Y＝8.50%

使用德州仪器 BAII PLUS 计算器，操作步骤及计算结果如下：

操　　作	按　　键	显　　示
将所有变量设为默认值	2nd，RESET，ENTER	RST　0.00
输入付款期数	4，N	N＝4.00
输入现值	1 049.06，＋/－，PV	PV＝－1 049.06
输入每期付款额	100，PMT	PMT＝100.00
输入期末余额（终值）	1 000，FV	FV＝1 000.00
计算利率	CPT，I/Y	I/Y＝8.50

105．D

解析：在财务计算器中输入：PMT＝100，N＝1，PV＝－900，FV＝1 000，

计算可得：I/Y = 22.22%

使用德州仪器 BAII PLUS 计算器，操作步骤及计算结果如下：

操　　作	按　　键	显　　示
将所有变量设为默认值	2nd，RESET，ENTER	RST　0.00
输入付款期数	1，N	N = 1.00
输入现值	900，+/-，PV	PV = -900.00
输入每期付款额	100，PMT	PMT = 100.00
输入期末余额（终值）	1 000，FV	FV = 1 000.00
计算利率	CPT，I/Y	I/Y = 22.22

106. A

解析：计算股价时，用预期报酬率作为折现率；计算股票价值时，用最低报酬率作为折现率；计算股价和计算股票价值的公式的分子完全相同；显然，分母越大，比值越小，所以，市价低于股票价值时，预期报酬率高于最低报酬率。

107. B

解析：留存收益率 b = 50%，权益收益率 ROE = 20%，所以股利增长率 $g = b \times ROE = 50\% \times 20\% = 10\%$

108. B

解析：$P_0 = 10$ 元，$E_1 = 2$ 元，$k = D_1/P_0 + g$，因此，$k = 1$ 元/10 元 $+ 0.1 = 0.1 + 0.1 = 20\%$

109. B

解析：在财务计算器中输入：PMT = 10，N = 10，I/Y = 9，FV = 100，计算可得：PV = -106.42

使用德州仪器 BAII PLUS 计算器，操作步骤及计算结果如下：

操　　作	按　　键	显　　示
将所有变量设为默认值	2nd，RESET，ENTER	RST　0.00
输入付款期数	10，N	N = 10.00
输入利率	9，I/Y	I/Y = 9.00
输入每期付款额	10，PMT	PMT = 10.00
输入期末余额（终值）	100，FV	FV = 100.00
计算现值	CPT，PV	PV = -106.42

110. C

解析：在财务计算器中输入：PMT = 10，N = 9，I/Y = 8，FV = 100，计算可得：PV = －112.49

使用德州仪器 BAII PLUS 计算器，操作步骤及计算结果如下：

操　作	按　键	显　示
将所有变量设为默认值	2nd，RESET，ENTER	RST　0.00
输入付款期数	9，N	N = 9.00
输入利率	8，I/Y	I/Y = 8.00
输入每期付款额	10，PMT	PMT = 10.00
输入期末余额（终值）	100，FV	FV = 100.00
计算现值	CPT，PV	PV = －112.49

111．B

解析：在财务计算器中输入：PMT = 10，N = 9，PV = －98，FV = 100，计算可得：I/Y = 10.35%

使用德州仪器 BAII PLUS 计算器，操作步骤及计算结果如下：

操　作	按　键	显　示
将所有变量设为默认值	2nd，RESET，ENTER	RST　0.00
输入付款期数	9，N	N = 9.00
输入现值	98，+/－，PV	PV = －98.00
输入每期付款额	10，PMT	PMT = 10.00
输入期末余额（终值）	100，FV	FV = 100.00
计算利率	CPT，I/Y	I/Y = 10.35

112．B

解析：利用久期计算公式可得。

113．略

114．B

解析：$k = E(r_P) = r_f + \beta[E(r_M) - r_f] = 8\% + 1.2 \times (15\% - 8\%)$
$= 16.4\%$

115．C

解析：$g = b \times ROE = (1 - 40\%) \times 20\% = 12\%$

116．B

解析：$V_0 = D_1/(k - g) = 10 \times 40\% \times (1 + 12\%)/(16.4\% - 12\%) =$

101.82（元）

117．B

解析：$P_1 = V_1 = V_0$（1 + g）= 101.82 × 1.12 = 114.04

E（r）=（$D_1 + P_1 - P_0$）/P_0 =（4.48 元 + 114.04 元 - 100 元）/100 元

= 0.1852 = 18.52%

118．C

解析：定义 R = r - rf。注意我们在计算标准差时使用的是 4 个自由度（即，我们将均值的方差和除以 4 而不考虑我们有 5 个观测样本），因为离差取的是样本均值，不是理论上的总体均值。计算可得：E（R_A）= 11.16%，σ_A = 21.24%

119．A

解析：同上，计算可得：E（R_B）= 8.42%，σ_B = 14.85%

120．A

解析：根据风险报酬率（夏普）测度：

S_A =［（E（r_A）- rf）/σ_A］= E（R_A）/σ_A = 11.16/21.24 = 0.5254

S_B = E（R_B）/σ_B = 8.42/14.85 = 0.5670

121．B

解析：债券发行时，到期收益率等于票面利率，所以为平价发行，当时的买入价应为 100 元。

122．D

解析：一年后的价格：在财务计算器中输入：PMT = 8，N = 9，I/Y = 7，FV = 100，计算可得：PV = - 106.52

使用德州仪器 BAII PLUS 计算器，操作步骤及计算结果如下：

操　作	按　键	显　示
将所有变量设为默认值	2nd，RESET，ENTER	RST　0.00
输入付款期数	9，N	N = 9.00
输入利率	7，I/Y	I/Y = 7.00
输入每期付款额	8，PMT	PMT = 8.00
输入期末余额（终值）	100，FV	FV = 100.00
计算现值	CPT，PV	PV = - 106.52

123．B

解析：持有期收益率为：（106.52 + 8 - 100）/100 = 14.52%

124．D

解析：$k = E(r_P) = r_f + \beta[E(r_M) - r_f] = 6\% + 1.5\times(14\% - 6\%) = 18\%$

125．C

解析：$g = b\times ROE = (1-50\%)\times 30\% = 15\%$

126．A

解析：$D_1 = 5\times 50\%\times(1+15\%) = 2.875$（元）

127．C

解析：$V_0 = D_1/(k-g) = 2.875/(18\% - 15\%) = 95.83$（元）

128．D

解析：$P_1 = V_1 = V_0(1+g) = 95.83\times 1.15 = 110.21$（元）

129．C

解析：$E(r) = (D_1 + P_1 - P_0)/P_0 =$（2.875 元 + 110.21 元 − 94 元）/94 元 = 0.203 = 20.3%

130．D

解析：由于票面利率大于当时的市场利率，所以该债券为溢价发行，只有（D）符合答案；或在财务计算器中输入：PMT = 10，N = 10，I/Y = 9，FV = 100，计算可得：PV = −106.42

使用德州仪器 BAII PLUS 计算器，操作步骤及计算结果如下：

操　作	按　键	显　示
将所有变量设为默认值	2nd，RESET，ENTER	RST　0.00
输入付款期数	10，N	N = 10.00
输入利率	9，I/Y	I/Y = 9.00
输入每期付款额	10，PMT	PMT = 10.00
输入期末余额（终值）	100，FV	FV = 100.00
计算现值	CPT，PV	PV = −106.42

131．C

解析：由于票面利率等于当时的市场利率，所以该债券为平价发行，（C）符合答案；或在财务计算器中输入：PMT = 10，N = 10，I/Y = 10，FV = 100，计算可得：PV = −100

使用德州仪器 BAII PLUS 计算器，操作步骤及计算结果如下：

操　　作	按　　键	显　　示
将所有变量设为默认值	2nd，RESET，ENTER	RST　0.00
输入付款期数	10，N	N = 10.00
输入利率	10，I/Y	I/Y = 10.00
输入每期付款额	10，PMT	PMT = 10.00
输入期末余额（终值）	100，FV	FV = 100.00
计算现值	CPT，PV	PV = －100.00

132. A

解析：由于票面利率小于当时的市场利率，所以该债券为折价发行，（A）（B）符合，所以不能采用排除法，需要在财务计算器中输入：PMT = 10，N = 10，I/Y = 11，FV = 100，计算可得：PV = －94.11

使用德州仪器 BAII PLUS 计算器，操作步骤及计算结果如下：

操　　作	按　　键	显　　示
将所有变量设为默认值	2nd，RESET，ENTER	RST　0.00
输入付款期数	10，N	N = 10.00
输入利率	11，I/Y	I/Y = 11.00
输入每期付款额	10，PMT	PMT = 10.00
输入期末余额（终值）	100，FV	FV = 100.00
计算现值	CPT，PV	PV = －94.11

133. C

解析：在财务计算器中输入：PMT = 10，N = 9，I/Y = 8，FV = 100，计算可得：PV = －112.49

使用德州仪器 BAII PLUS 计算器，操作步骤及计算结果如下：

操　　作	按　　键	显　　示
将所有变量设为默认值	2nd，RESET，ENTER	RST　0.00
输入付款期数	9，N	N = 9.00
输入利率	8，I/Y	I/Y = 8.00
输入每期付款额	10，PMT	PMT = 10.00
输入期末余额（终值）	100，FV	FV = 100.00
计算现值	CPT，PV	PV = －112.49

134. A

解析：在财务计算器中输入：PMT = 10，N = 8，PV = －105，FV = 100，计算可得：I/Y = 9.09%

使用德州仪器 BAII PLUS 计算器，操作步骤及计算结果如下：

操　作	按　键	显　示
将所有变量设为默认值	2nd，RESET，ENTER	RST　0.00
输入付款期数	8，N	N = 8.00
输入现值	105，+/-，PV	PV = －105.00
输入每期付款额	10，PMT	PMT = 10.00
输入期末余额（终值）	100，FV	FV = 100.00
计算利率	CPT，I/Y	I/Y = 9.09

135. A

解析：利用久期计算公式可得。

136. D

解析：久期可以度量利率风险，$\Delta p/p = -D\frac{\Delta y}{y}$，代入即得。

137. B

解析：$\frac{2}{12\% - 20\% \times 0.5} = 100$（元）

138. D

解析：$\frac{2}{12\% - 20\% \times 0.5} = 100$（元），PE = 100/4 = 25

139. D

解析：5% + 1.2 ×（10% − 5%）= 11%

140. C

解析：k = 8% + 1.5 ×（12% − 8%）= 14%

$\frac{4}{14\% - 6\%} = 50$（元）

141. B

解析：$\frac{1}{12\% - 20 \times 50\%} = 50$（元），折现：$\frac{50}{(1 + 12\%)^2} = 39.859$（元）

142. B

解析：$P = \frac{EPS \times 40\%}{12\% - 8\%}$，P/E = 10

143. B

解析：$\frac{46+2-40}{40}=20\%$

144. D

解析：

第一阶段：$\frac{8}{1+18\%}+\frac{8}{(1+18\%)^2}+\frac{8}{(1+18\%)^3}=19.21$（元）

第二阶段：第三年末股票价值为$\frac{8\times(1+12\%)}{18\%-12\%}=149.33$（元），

折现为：$\frac{149.33}{(1+18\%)^3}=90.89$(元)，所以价格应为：$19.21+90.89=110.1$(元)

145. C

解析：当期收益率为（98+7）/98－1=7.14%

146. A

解析：在财务计算器中输入：PMT=3.5，N=10，PV=－96，FV=100，计算：I/Y=3.99%

则年化的到期收益率为3.99%×2=7.98%

使用德州仪器 BAII PLUS 计算器，操作步骤及计算结果如下：

操　　作	按　　键	显　　示
将所有变量设为默认值	2nd，RESET，ENTER	RST　0.00
输入付款期数	10，N	N=10.00
输入现值	96，+/－，PV	PV=－96.00
输入每期付款额	3.5，PMT	PMT=3.50
输入期末余额（终值）	100，FV	FV=100.00
计算利率	CPT，I/Y	I/Y=3.99

147. D

解析：在财务计算器中输入：PMT=8，N=3，I/Y=6，FV=100，计算 PV=－105.35，使用德州仪器 BAII PLUS 计算器，操作步骤及计算结果如下：

操　作	按　键	显　示
将所有变量设为默认值	2nd，RESET，ENTER	RST　0.00
输入付款期数	3，N	N = 3.00
输入利率	6，I/Y	I/Y = 6.00
输入每期付款额	8，PMT	PMT = 8.00
输入期末余额（终值）	100，FV	FV = 100.00
计算现值	CPT，PV	PV = －105.35

148．D

解析：（98 + 6 + 6 − 95）/95 − 1 = 15.79%

149．D

解析：［2 ×（1 + 5%）/40］+ 5% = 10.25%

150．C

解析：到期收益率是指债券投资的内含报酬率，即使得未来现金流入的现值等于现金流出的折现率，由于本题是平价发行，设面值为 P，则：$P = P \times (1 + 5 \times 12.22\%) / (1 + I/Y)^5$，I/Y = 10%

（二）多项选择题

151．略

152．ABCD

解析：系统风险对所有证券的影响差不多是相同的，不会因为证券分散化而消失；非系统风险只对个别或某些证券产生影响，而对其他证券无关，且可以通过证券分散化来消除。

153．AC

解析：有效组合满足：在风险一定的情况下，收益最大化；在收益一定的情况下，风险最小化。

154．ABC

解析：最优组合是惟一的，是无差异曲线与有效边界的切点，既在有效边界上，又在无差异曲线上。

155．ACD

解析：可参见 CAPM 的基本假定。

156 ~ 171．略

172．AC

解析：可参见马柯威茨模型相关假定。

173．ABCDE

解析：ρ的值为正表明两种证券的收益有同向变动倾向，ρ的值为负表明两种证券的收益有反向变动倾向，$\rho=1$表明两种证券间存在完全同向的联动关系，$\rho=-1$表明两种证券间存在完全反向的联动关系，ρ的值为零表明两种证券之间没有联动倾向，ρ的取值总是介于-1和1之间。

174．略

175．ABCD

解析：可参见资本资产定价模型相关假定。

176～183．略

184．BE

解析：β值测度系统风险，而标准差测度整体风险，B、E是同一个意思，系统风险也称为市场风险，非系统风险也称为特有风险。注意：A的说法中没有提到标准差测度系统风险，所以，A不是答案。

185．CD

解析：对于平息债券，平价发行时，债券票面利率与到期收益率一致；溢价发行时，票面利率高于到期收益率；折价发行时，票面利率低于到期收益率。

186．CD

解析：固定成长股票内在价值$V=D_0\times(1+g)/(K-g)$，由公式看出，股利率增长率g，今年股利D_0，均与股票价值呈同向变化，最低报酬率K与股票价值呈反向变化，而β系数与最低报酬率呈同向变化，因此β系数同股票内在价值亦成反向变化。

187．ABC

解析：有效边界就是机会集曲线上从最小方差组合点到最高预期报酬率的那段曲线，所以，D不是答案；根据证券组合概率分布标准差的计算表达式可知，A的说法正确；根据系统风险和非系统风险的相关内容可知，B的说法正确。

188．ABD

解析：证券投资的收益包括两部分，一是证券的买卖价差收益即资本利得收益，另一部分是股利或（利息）收益。

189．ABD

解析：债券的到期收益率指的是以特定价格购买债券并持有至到期日所能获得的收益率，它是使未来现金流入量现值等于债券购入价格的折现率，未来现金流入量包括本金和利息，债券面值和票面利率的变动对利息产生影响。

190．ABDE

解析：股票的总收益率包括两部分：股利收益率和股利增长率，由于股利的增长速度也就是股价的增长速度，因此，股利增长率可以解释为股价增长率或资本利得收益率。

191．AD

解析：股票必要报酬率 k = 7% + 1.8 ×（9% − 7%）= 10.6%；

股票价值 v = 0.4 ×（1 + 6%）/（10.6% − 6%）= 9.2174（元）。

192．AD

解析：债券到期收益率是指购进债券后，一直持有该债券至到期日可获取的收益率。这个收益率是指按复利计算的收益率，它是能使未来现金流入现值等于债券买入价格的贴现率，是指导选购债券的标准。

193．ABD

解析：资本市场线反映了在资本市场上资产组合系统风险和报酬的权衡关系。所以，C 的说法不正确。

194．ABC

解析：可参见 β 系数计算公式。

195～197．略

198．ABCD

解析：股票指数不是一种衍生产品。

199～225．略

（三）判断题

226．×

解析：由于不同投资者对期望收益率和风险的偏好态度不同，当风险从 σ_A 增加到 σ_B 时，期望收益率的增量 $E(r_B) - E(r_A)$ 是否满足他们个人的风险补偿将因人而异。

227．√

解析：备兑权证是由权证标的资产发行人以外的第三人（银行或券商等资信良好的专业投资机构）发行的，但不是以该第三人自身的资产为标的的认股证。

228～229．略

230．×

解析：证券组合要达到分散风险的目的，需充分考虑各证券之间的相关性。

231．×

解析：分散投资只能消除证券组合的非系统风险，而不能消除系统风险。

232．×

解析：当新加入的证券的预期收益率大于原证券组合的预期收益率时，组合预期收益率是增加的。

233～234．略

235. √

解析：先计算股票预期报酬率（资本资产定价模式）：

$R = 11\% + 1.2 \times (16\% - 11\%) = 17\%$

再计算股票价格（固定成长股票价格模型）：

$P = D_1 / (k - g) = 6 / (17\% - 5\%) = 50$（元）

236. ×

解析：可行的证券组合不一定都在资本市场线上，但是资本市场线上的证券组合都是可行的。

237. 略

238. ×

解析：$\beta = 0$，说明 $E(r) = r_f$，而不是零。

239. ×

解析：投资者仅要求承担系统风险（不可分散的或市场风险）的风险溢价。全部波动包括不可分散的风险。

240. ×

解析：资产组合的75%应投资于市场，25%投资于国债。因此，有 $\beta_p = 0.75 \times 1 + 0.25 \times 0 = 0.75$。

241. 略

242. ×

解析：风险规避型投资者的偏好无差异曲线随风险水平的增加越来越陡。

243. ×

解析：证券市场线斜率取决于全体投资者的风险回避态度，如果大家都愿意冒险，证券市场线斜率就小，如果大家都不愿意冒险，证券市场线斜率就大，风险溢价就大。

244. ×

解析：风险和收益的基本关系是风险越大，投资人要求的报酬率越高，但期望和实际往往不一致，因此高风险的投资项目不一定都会获得高收益。

245～248. 略

249. ×

解析：买入看跌期权的对手是卖出看跌期权，买入看涨期权的对手是卖出看涨期权。

250. ×

解析：利用期货市场进行套期保值，能使生产经营者转移现货市场价格风险，达到锁定生产成本，实现预期利润的目的。

第三章 税收筹划

一、参考答案

（一）单项选择题

1. B	2. C	3. B	4. D	5. A
6. C	7. B	8. A	9. C	10. D
11. B	12. D	13. C	14. A	15. B
16. B	17. D	18. A	19. B	20. C
21. A	22. B	23. C	24. A	25. B
26. B	27. A	28. D	29. D	30. B
31. A	32. B	33. A	34. A	35. B
36. A	37. B	38. A	39. C	40. D
41. A	42. B	43. D	44. A	45. A
46. A	47. B	48. A	49. A	50. C
51. C	52. B	53. D	54. B	55. A
56. A	57. D	58. D	59. C	60. D
61. C	62. B	63. C	64. B	65. D
66. A	67. C	68. B	69. C	70. A
71. C	72. B	73. C	74. B	75. B
76. B	77. B	78. B	79. B	80. A
81. B	82. D	83. D	84. A	85. D
86. A	87. C	88. A	89. D	90. B
91. D	92. B	93. B	94. A	95. D
96. C	97. B	98. C	99. D	100. D
101. B	102. A	103. D	104. D	105. D

106. A　107. C　108. D　109. B　110. A
111. B　112. C　113. A　114. B　115. D
116. A　117. C　118. D　119. A　120. B

(二) 多项选择题

121. ABC　122. AB　123. ABCDE　124. ABCDE　125. ABCDE
126. ABCD　127. ABCD　128. ABC　129. ABCDE　130. ABCDE
131. ABC　132. ABC　133. ABCDE　134. ABCD　135. ABC
136. ABC　137. ABCD　138. ABCDE　139. ABCD　140. ABC
141. ABC　142. ABCDE　143. ABCD　144. ABCDE　145. ABCDE
146. ABCDE　147. ABCDE　148. ABCDE　149. ABCDE　150. ABCDE
151. ABC　152. ABCDE　153. ABD　154. ABCDE　155. ABDE
156. ABDE　157. AC　158. AC　159. CE　160. BE
161. AC　162. ABCDE　163. ABCD　164. ABD　165. BD
166. ABCDE　167. AB　168. AC　169. ABD　170. BD
171. ABCD　172. ABCDE　173. ABC　174. ABCDE　175. ABCDE
176. ABCD　177. ABCDE　178. ABCD　179. ABCDE　180. ABCD

(三) 判断题

181. √　182. √　183. ×　184. √　185. ×
186. √　187. √　188. ×　189. √　190. √
191. √　192. √　193. √　194. ×　195. √
196. √　197. ×　198. ×　199. ×　200. √

二、答案解析

(一) 单项选择题

1～32. 略

33. A

解析：应纳增值税税额 = 80 × 6% = 4.8（万元）

34. A

解析：应纳增值税税额 = 80 × 17% - 60 × 17% = 3.4（万元）

35. 略

36. A

解析：应纳税额 = ［(2 000 - 1 600) × 5%］ × 6 + ［(6 000 - 1 600) × 15% - 125］ × 6 = 3 330（元）

37～39. 略

40. D

解析：应纳税额 = ［（4 000 − 1 600）× 15% − 125］× 12 = 2 820（元）

41～48. 略

49. A

解析：应纳税额 = （2 200 + 600 − 1 600）× 10% − 25 = 95（元）

50. C

解析：280 − 95 = 185（元）

51. C

解析：应纳税所得额为 20 000 + 40 000 = 60 000（元）

52. B

解析：应纳税所得额为 20 000 + 40 000 = 60 000（元）

52. D

解析：全年应缴纳所得税 = 60 000 × 35% − 6 750 = 14 250（元）

53～56. 略

57. D

解析：安装维修工程的年应纳税额 = 20 000 × 20% − 1 250 = 2 750（元）

58～59. 略

60. D

解析：水暖器材销售的年应纳税额 = 40 000 × 30% − 4 250 = 7 750（元）

61～63. 略

64. B

解析：应纳税额 = 6 012 × 10% − 25 = 576.2（元）

65～95. 略

96. B

解析：应纳营业税 = （210 − 200）× 5% = 5 000（元）

97～98. 略

99. D

解析：应纳营业税 = （210 − 200）× 3% = 3 000（元）

100～120. 略

（二）多项选择题

121～156. 略

157. AC

解析：应纳税额 = 20 000 × （1 − 20%）× 20% × （1 − 30%）= 2 240（元）

158. AC

解析：应纳税额 = （4 000 - 800）×20% ×（1 - 30%）= 448（元）

159. CE

解析：应纳税额 = （4 000 - 800）×20% = 640（元）

160. BE

解析：劳务报酬应纳税额 = （3 000 - 800）×20% = 440（元）

工资获得的收入应纳的所得税额为 = （2 100 - 1 600）×5% = 25（元）

161 ~ 167. 略

168. AC

解析：120 000 ×（1 - 20%）×20% = 19 200（元）

169 ~ 180. 略

（三）判断题

181 ~ 182. 略

183. ×

解析：每次收入 4 000 元以下的，应纳税额 = 应纳税所得额 × 适用税率 ×（1 - 30%）=（每次收入额 - 800 元）×20% ×（1 - 30%）

184. 略

185. ×

解析：实际税率通常低于名义税率。

186 ~ 187. 略

188. ×

解析：木制一次性筷子的税率为 5%。

189 ~ 193. 略

194. ×

解析：只需买方缴纳。

195 ~ 200. 略

第四章 退休养老规划

一、参考答案

（一）单项选择题

1. B	2. B	3. A	4. D	5. C
6. C	7. A	8. A	9. A	10. C
11. B	12. C	13. A	14. A	15. A
16. D	17. B	18. C	19. B	20. A
21. C	22. D	23. C	24. A	25. C
26. D	27. C	28. D	29. B	30. C
31. D	32. C	33. B	34. A	35. A
36. C	37. B	38. B	39. D	40. D
41. C	42. D	43. A	44. C	45. C
46. B	47. A	48. C	49. B	50. A
51. D	52. A	53. B	54. C	55. B
56. B	57. D	58. B	59. A	60. C

（二）多项选择题

61. AC	62. AD	63. BDE	64. ABCDE	65. ABC
66. AB	67. ABCDE	68. BE	69. BDE	70. ABCD
71. ABE	72. ACDE	73. ABCE	74. BCD	75. ABCDE
76. ACE	77. BCD	78. ABE	79. ABDE	80. ABCDE
81. AE	82. ACE	83. BC	84. ABCDE	85. ACDE
86. ABCD	87. BCDE	88. ADE	89. ACD	90. BDE

（三）判断题

91. × 92. √ 93. × 94. √ 95. √

96．×　　97．√　　98．×　　99．×　　100．×

二、答案解析

（一）单项选择题

1．B

解析：根据题意，老李 85 岁全年仍然活着，所以应该是从 61 岁到 84 岁，共 25 年。

2．B

解析：计算过程如下，

N = 25

I/Y = 6

PMT = －100 000

计算 PV≈1 355 036 元（注意要设成先付年金），也就是说老李要想 60 岁顺利退休必须要有将近 136 万元的资金作为养老的保障。

3．A

解析：使用财务计算器可以计算如下：

N = 20

I/Y = 9

PV = －100 000

计算 FV≈560 441 元，也就是说老李用 10 万元的启动资金作为投资到他 60 岁退休时能够获得 56 万元的资金储备。

4．D

解析：1 355 036－560 441 = 794 595（元）

5．C

解析：使用财务计算器可以计算如下：

N = 20

I/Y = 9

FV = 794 595（元）

计算 PMT≈－15 532（元）

所以，老李应在每年年末投入 15 532 元，才能填补退休基金缺口，进而实现自己的退休目标。

6．C

解析：使用财务计算器可以进行如下计算：

N = 20

I/Y = 9

FV = 1 355 036（元）

计算 PMT≈ −26 486 元，也就是说，老李每年要投入 26 486 元才能保证老李 60 岁时顺利退休，否则就会降低他退休后的生活水平。

7～8. 略

9. A

解析：运用财务计算器，输入：

P/Y = 12

N = 25 × 12 = 300（月）

I/Y = 1.8

PMT = −1 400

计算 PV≈338 013 元，也就是说需要近 34 万元。

10. C

解析：

P/Y = 12

PV = −100 000

N = 5 × 12 = 60（月）

I/Y = 1.8%

计算 FV≈109 410（元）

11. B

解析：

P/Y = 12

PMT = −1 000

N = 5 × 12 = 60（月）

I/Y = 1.8%

计算 FV≈62 734（元）

12. C

解析：338 013 − 109 410 − 62 734 = 165 867（元）

13. A

解析：

P/Y = 12

I/Y = 1.8%

PV = −100 000

PMT = -1 000

FV = 338 013（元）

计算 N≈180（月）=15（年）

14．A

解析：

P/Y = 12

N = 60（月）

I/Y = 1.8%

PV = -100 000

FV = 338 013（元）

计算 PMT = -3 644，也就是说老王需要每月存款 3 644 元才能保证他 50 岁时就退休。这对于现在老王家庭的财务状况来说是不可能实现的。

15～17．略

18．C

解析：

P/Y = 12

N = 26×12（月）

I/Y = 6%

PMT = -1 600

FV = 1 196 915（元）

19．B

解析：根据题意，老李 90 岁全年仍然活着，所以应该是从 61 岁到 90 岁，共 30 年。

20．A

解析：计算过程如下：

N = 30

I/Y = 7

PMT = -150 000

计算 PV≈1 991 651 元（注意要设成先付年金），也就是说小李要想 60 岁顺利退休必须要有将近 1 991 651 元的资金作为养老的保障。

21．C

解析：使用财务计算器可以计算如下：

N = 35

I/Y = 10

PV = －50 000

计算 FV≈1 405 122 元，也就是说小李用 5 万元的启动资金作为投资到他 60 岁退休时能够获得 1 405 122 元的资金储备。

22. D

解析：1 991 651 － 1 405 122 = 586 529（元）

23. C

解析：使用财务计算器可以计算如下：

N = 35

I/Y = 10

FV = 586 529

计算 PMT≈ －2 164（元）

所以，小李应在每年年末投入 2 164 元，才能填补退休基金缺口，进而实现自己的退休目标。

24. A

解析：使用财务计算器可以进行如下计算：

N = 35

I/Y = 10

FV = 1 991 651（元）

计算 PMT≈ －7 349 元，也就是说，小李每年要投入 7 349 元才能保证老李 60 岁时顺利退休，否则就会降低他退休后的生活水平。

25～26. 略

27. C

解析：运用财务计算器，输入：

N = 30

I/Y = 5

PMT = －130 000（设成先付年金）

计算 PV≈2 098 340 元，也就是说需要近 2 098 340 元。

28. D

解析：PV = －500 000

N = 10

I/Y = 5

计算 FV≈814 447（元）

29. B

解析：P/Y = 12

PMT = －6 000

N = 10 × 12 = 120（月）

I/Y = 5

计算 FV ≈ 931 694（元）

30．C

解析：2 098 340 － 814 447 － 931 694 = 352 199（元）

31．略

32．C

解析：P/Y = 12

I/Y = 5

PV = －500 000

PMT = －6 000

FV = 2 098 340（元）

计算 N ≈ 144（月）= 12（年）

33．B

解析：P/Y = 12

N = 120（月）

I/Y = 5

PV = －500 000

FV = 2 098 340（元）

计算 PMT = －8 210，也就是说王先生夫妇需要每月存款 8 210 元才能保证他 50 岁时就退休。

34．略

35．A

解析：计算过程如下：

N = 20

I/Y = 3

PMT = －120 000

计算 PV ≈ 183.89（万元）（注意要设成先付年金）。

36．略

37．B

解析：使用财务计算器可以计算如下：

N = 29

I/Y = 6

PV = -100 000

计算 FV≈54.18（万元）

38. B

解析：缺口 = 183.89 - 54.18 = 129.71

39. D

解析：使用财务计算器可以计算如下：

N = 29

I/Y = 6

FV = 129.71

计算 PMT≈ -1.7614（万元）

所以，高先生应在每年年末投入 1.7614 万元，才能填补退休基金缺口，进而实现自己的退休目标。

40. D

解析：使用财务计算器可以进行如下计算：

N = 29

I/Y = 6

FV = 183.89

计算 PMT≈ -2.5（万元）

41. 略

42. D

解析：安养信托不是没有风险的，相对来说信托产品的风险还是较大的。

43~46. 略

47. A

解析：5.5 + 1 - 3.5 = 3（万元）

48. C

解析：基金、存款可以作为信托财产直接交付给受托人。

49. B

解析：退休规划的谨慎性原则：一些客户对自己退休后的经济状况过于乐观，他们或者高估了退休后的收入，或者低估了退休后的开支，在退休养老规划过程中过于吝啬，不愿动用太多的财务资源。在制定退休养老规划的过程中，应当本着谨慎性的原则，多估计些支出，少估计些收入，使退休后的生活有更多的财务资源。

50. A

解析：退休规划的弹性化原则具体是指：退休养老规划的制定，应当视个人的身心需求及实践能力而定，若发现拟定的目标高远、窒碍难行，那么可以适当地调整一下，取而代之的是可行的策略与目标。同时，在规划未来退休生涯的目标时，可能会遇到一些未定的事件，比如，很可能未来十几年或者更长时间的经济不景气导致投资收益率下降，或者，由于所在工作单位近期效益不佳，导致收入水平的下降，等等。因此，退休养老规划应具有弹性或缓冲性，以确保能根据环境的变动而做出相应调整，以增加其适应性。

51. D

解析：使用财务计算器可以进行如下计算：

N = 10

I/Y = 5

PMT = －1

计算：FV≈12.58（万元）

52. A

解析：由于董先生的信托方式为，一次投入 70 万元，之后每年增加投入 1 万元，安排为可更改信托更为方便。

53～58. 略

59. A

解析：在 25 岁到 30 岁之间每年拿出 2 000 元用于以后的退休养老，假设投资收益率为 12%，在 30 岁末资金的价值使用财务计算器可以进行如下计算：

N = 6

I/Y = 12

PMT = －2 000

计算：FV≈16 230.38（元）

在 31 岁到 65 岁之间不进行额外投资，65 岁岁末的时候，投资价值为：

使用财务计算器可以进行如下计算：

N = 35

I/Y = 12

PV = －16 230.38

计算：FV≈856 958（元）

60. C

解析：使用财务计算器可以进行如下计算：

N = 35

I/Y = 12

PMT = －2 000

计算：FV≈863 327（元）

（二）多项选择题

61～64. 略

65. ABC

解析：

D. 作为退休养老规划的一个工具，安养信托在国外较为流行。目前我国还没有安养信托产品推出，但是相信不久的将来，随着金融产品和金融服务的丰富，安养信托也很快会引入到中国。

E. 安养信托的受益人中必须包括委托人，可以有委托人的子女，是一种自益信托。

66～67. 略

68. BE

解析：其他三项都属于客户的主观因素。

69. BDE

解析：注意这里要选择的是企业年金能够给企业带来的好处，不包括企业年金对职工个人的意义。

70. 略

71. ABE

解析：

C. 属于及早规划原则；

D. 反映了谨慎性原则。

72. ACDE

解析：B. 应该在保持稳健性的前提下，寻求收益的最大化。

73～77. 略

78. ABE

解析：

C. 阿尔伯特·班杜拉是社会认识论的创立者，但不是社会认识职业理论的创立者；

D. 约翰·霍伦创立了职业象征论。

79～80. 略

81. ACE

解析：

A. 要使退休后的生活过得丰富且有意义，就要未雨绸缪，预作规划与安排。

青年人也应该考虑退休养老问题。

C. 虽然越早进行退休养老规划负担越轻，有条件的人应该进行早期强制性储蓄，未雨绸缪，尽早规划退休生活，但是并不是所有的人都应该如此。有些早期生活比较困难的人可能没有进行规划的条件。

E. 退休后的生活开支并不一定会下降，由于人们已经习惯了一定的生活习惯，很难短期内发生改变，再加上物价变动等不确定性因素，退休后的生活开支很可能并不会下降。

82～90. 略

（三）判断题

91. ×

解析：养老保险是国家和社会根据一定的法律和法规，为解决劳动者在达到国家规定的解除劳动义务的劳动年龄界限，或因年老丧失劳动能力退出劳动岗位后的基本生活而建立的一种社会保险制度。所以只有参加工作之后才可以参加养老保险。

92. √

解析：养老社会保险费用主要由企业和职工个人缴费负担，财政负责弥补养老社会保险计划的赤字。

93. ×

解析：个人账户的存储额每年参考银行同期存款利率计算利息；这部分存储额只能用于职工养老，不得提前支取。

94～95. 略

96. ×

解析：人的一生绝大多数的现金流入都取决于他所从事的职业。不同的职业、不同的职业地位，决定了人们不同的财富地位。作为客户财富管家的理财规划师，不仅要帮助客户管理财富，还要帮助他们找到最适合且能最大限度增加财富的职业渠道。

97. 略

98. ×

解析：社会救济的受保人不用缴纳任何费用。

99. ×

解析：举办年金计划的企业不能自行确定企业年金的领取年龄，而是要参照国家统一规定的法定退休年龄。

100. ×

解析：理财规划师设计好理财方案并交付客户，并不意味着理财方案的最终确定。在与客户进一步沟通过程中，或与客户深入分析研究理财方案后，可能会发现方案中存在的某些不足。理财规划师应当根据客户的意见和具体情况，对理财方案做进一步的修改，并最终确定整个方案。

第五章　财产分配与传承规划

一、参考答案

（一）单项选择题

1. C	2. A	3. A	4. D	5. C
6. A	7. A	8. B	9. D	10. C
11. A	12. D	13. D	14. C	15. B
16. B	17. A	18. A	19. B	20. D
21. C	22. D	23. A	24. A	25. B
26. B	27. C	28. D	29. D	30. A
31. C	32. D	33. B	34. C	35. B
36. B	37. D	38. A	39. C	40. B
41. C	42. C	43. D	44. C	45. C
46. C	47. B	48. D	49. D	50. A
51. C	52. D	53. C	54. A	55. D
56. C	57. B	58. D	59. C	60. D
61. D	62. C	63. D	64. C	65. B
66. C	67. C	68. D	69. B	70. C
71. B	72. B	73. C	74. C	75. C
76. D	77. C	78. D	79. C	80. C
81. C	82. C	83. D	84. C	85. D
86. B	87. D	88. B	89. C	90. B
91. A	92. C	93. C	94. B	95. A
96. D	97. C	98. D	99. C	100. A
101. B	102. D	103. C	104. C	105. D

106. B	107. C	108. C	109. C	110. B
111. D	112. D	113. A	114. C	115. A
116. D	117. D	118. D	119. B	120. D
121. C	122. B	123. B	124. B	125. D
126. C	127. B	128. D	129. A	130. B
131. C	132. A	133. D	134. C	135. C
136. B	137. A	138. B	139. D	140. C
141. B	142. C	143. D	144. C	145. C
146. A	147. B	148. A	149. A	150. B

（二）多项选择题

151. ABCE	152. ACD	153. BE	154. BC	155. ABC
156. ABCE	157. ACD	158. BC	159. BCD	160. BCD
161. ABCD	162. ABCDE	163. ABDE	164. BCDE	165. AC
166. ABCDE	167. ABCDE	168. ACD	169. AC	170. ABDE
171. BCDE	172. ACE	173. ABCD	174. ABC	175. ABCD
176. ABCDE	177. ABCD	178. ABCDE	179. ABCD	180. ABCDE
181. ABCDE	182. ABC	183. AB	184. ADE	185. ACE
186. ABCDE	187. ABD	188. ABD	189. ACD	190. AE
191. ABD	192. AB	193. AC	194. ACD	195. BD
196. ADE	197. BCE	198. BDE	199. BCDE	200. ABCDE
201. ABC	202. AC	203. AD	204. ABCDE	205. ABD
206. AB	207. ABCDE	208. ABC	209. ACDE	210. ABDE
211. ABCDE	212. ABCE	213. ABCE	214. ABCDE	215. ABCE
216. ABCE	217. CE	218. CD	219. ABD	220. ABDE
221. ABDE	222. ABCD	223. ACDE	224. ACDE	225. BD

（三）判断题

226. √	227. ×	228. √	229. √	230. ×
231. ×	232. √	233. √	234. ×	235. ×
236. ×	237. √	238. ×	239. ×	240. √
241. √	242. √	243. √	244. √	245. ×
246. √	247. ×	248. ×	249. ×	250. √

二、答案解析

（一）单项选择题

1. C

解析：除非一方当事人死亡，取得离婚证明的法律文书，始得解除夫妻关系。

2. 略

3. A

解析：养子女因收养关系成立，失去了对生父母遗产的继承权，而有权继承养父母的遗产。

4～47. 略

48. D

解析：因该6间房系王某与张某的共同财产，王某死后，张某应获得其中的3间，余下3间房在第一顺序继承人间平均分配。第一顺序的继承人有张某、王乙，因王甲先于王某死亡，其子王小甲享有代位继承权。故余下3间房中张某、王乙、王小甲应各分得1间。

49～119. 略

120. D

解析：夫妻一方婚前支付了部分房款，但婚后才取得房产证，即使是婚后双方共同还贷，其仍应属于一方的婚前个人财产。

夫妻双方婚后共同还贷部分，不论是由一方用个人工资还贷，还是用双方工资还贷，都应当认定为是夫妻共有财产。

婚后房屋增值部分以及共同偿还贷款的部分，除夫妻双方另有约定外，应当视为共同财产。

121～150. 略

（二）多项选择题

151～186. 略

187. ABD

解析：继承开始后，按照法定继承办理；有遗嘱的，按照遗嘱继承或者遗赠办理；有遗赠扶养协议的，按照协议办理。

188. ABD

解析：遗嘱人可以撤销、变更自己所立的遗嘱。立有数份遗嘱，内容相抵触的，以最后的遗嘱为准，自书、代书、录音、口头遗嘱，不得撤销，变更公证遗嘱。

189～225. 略

（三）判断题

226～250. 略